Die wichtigsten Texte Bobbios über die Menschenrechte, zu deren Geschichte, Gegenwart und Zukunft er Grundlegendes formuliert hat.

Wie können Menschen mit unterschiedlichen Religionen und verschiedenen politischen Anschauungen ohne Furcht zusammenleben?

Angesichts unübersehbarer Menschenrechtsverletzungen in vielen Teilen der Welt sucht Bobbio eine Antwort auf diese und andere Fragen – und bietet gedankliche und argumentative Hilfe für eine Veränderung.

»Norberto Bobbio, der große alte politische Philosoph Italiens, verkörpert jene seltene Erscheinung des Intellektuellen, der mühelos von der Universität auf den Marktplatz überwechselt, ohne Theorie ins ›Volkstümliche‹ zu wenden.« Ingeborg Nordmann,
SÜDDEUTSCHE ZEITUNG

Norberto Bobbio
Das Zeitalter der Menschenrechte
Ist Toleranz durchsetzbar?

Aus dem Italienischen
von Ulrich Hausmann

Verlag Klaus Wagenbach   Berlin

Inhalt

Gegenwart und Zukunft der Menschenrechte

Die Allgemeine Erklärung der Menschenrechte kann als der bisher größte historische Beweis für den »consensus omnium gentium« hinsichtlich eines bestimmten Wertesystems erachtet werden. Die Naturrechtler mißtrauen seit je – und nicht ganz zu Unrecht – einem solchen allgemeinen Konsens schon deswegen, weil er schwierig festzustellen war: man mußte die unruhige und dunkle Geschichte der Nationen geradezu nach Belegen dafür durchforschen, so wie es schon Giambattista Vico versucht hatte.

Seit 1948 aber gibt es ein Dokument: Es wurde am 10. Dezember 1948 von 48 Staaten auf der Generalversammlung der Vereinten Nationen verabschiedet und von da an als Orientierung angesehen, nicht nur für die Weiterentwicklung der internationalen Gemeinschaft zu einer Gemeinschaft von Staaten, sondern auch zu einer von freien und gleichen Individuen. Ich weiß nicht, inwieweit man sich darüber klar ist, daß diese Erklärung etwas völlig Neues in der Geschichte der Menschheit darstellt, denn hier wurde zum ersten Mal ein System von grundlegenden Prinzipien des menschlichen Zusammenlebens in freier Entscheidung angenommen, explizit von der

Mehrheit der auf der Erde lebenden Menschen, vertreten durch ihre jeweiligen Regierungen. Mit dieser Erklärung wird ein Wertesystem (wiederum zum ersten Mal in der Geschichte) *universal*, und zwar nicht im Prinzip, sondern *faktisch*, denn der Konsens wurde als Regelung für das Zusammenleben der künftigen Gemeinschaft aller Menschen und Staaten formuliert. (Die Werte, die die Religionen und Kirchen repräsentieren, auch die der christlichen Religion als der am weitesten verbreiteten, haben *faktisch*, d.h. realgeschichtlich, bis heute immer nur für einen Teil der Menschheit Geltung besessen.) Erst nach der Erklärung der UNO können wir historisch gesehen sicher sein, daß die Menschheit einige Werte teilt, und endlich die Überzeugung hegen, daß diese Werte in der Tat universell sind, und zwar in dem Sinne, daß die Universalität nicht nur ein objektiver, historisch legitimierter Tatbestand ist, sondern auch subjektiv von der Menschheit akzeptiert wurde.

Diese Universalität ist das Ergebnis einer ganz allmählichen Entwicklung. In der Geschichte der verschiedenen Deklarationen der Menschenrechte kann man wenigstens drei Phasen unterscheiden. Die Erklärungen entstehen zunächst in Form von philosophischen Theorien. Man muß sie also in ihrer ersten Phase in den Arbeiten der Philosophen aufspüren. Wenn wir nicht bis zur Idee der Stoiker von der Universalgesellschaft vernünftiger Menschen zurückgehen wollen, nach der der Weise kein Bürger eines bestimmten Staates dieser Erde ist, dann war es das moderne Naturrecht, in dem sich die Vorstellung herausbildete, der Mensch habe von Geburt an Rechte, die ihm niemand, nicht einmal der Staat, nehmen, und die er auch selbst nicht veräußern kann (sollte er dies dennoch beispielsweise aus

Not tun, so ist die Veräußerung ungültig). Der Vater des modernen Naturrechts ist John Locke. Nach Locke ist der wahrhafte Zustand des Menschen nicht sein gesellschaftlicher, sondern sein natürlicher, das heißt der Naturzustand, in dem die Menschen frei und gleich sind. Die Gesellschaft ist danach ein Kunstprodukt mit dem ausschließlichen Ziel, die größtmögliche Ausweitung der Freiheit und Gleichheit des Naturzustandes zu gewährleisten. Obwohl die Idee des Naturzustandes inzwischen aufgegeben wurde, findet sich doch in den ersten Worten der Menschenrechtsdeklaration ein Echo davon:»Alle Menschen werden frei geboren, mit gleicher Würde und gleichen Rechten.« Dies ist nur eine andere Formulierung, um auszudrücken, daß die Menschen *von Natur aus* frei und gleich sind. Und wie könnte man sich nicht an die berühmte Formulierung Rousseaus im *Gesellschaftsvertrag* erinnern:»Der Mensch wird frei geboren und liegt dennoch in Ketten«? Die Allgemeine Erklärung der Menschenrechte bewahrt ein Echo davon, denn *tatsächlich* werden die Menschen eben nicht frei und gleich geboren.* Sie sind frei und gleich von Geburt in einer idealtypischen, naturrechtlichen Sicht, wie es den Naturrechtlern vorschwebte, wenn sie vom Naturzustand sprachen. Freiheit und Gleichheit der Menschen sind keine Tatsache, sondern ein zu verfolgendes Ideal, nichts Existierendes, sondern ein Wert, eine Verpflichtung. In vielen philosophischen Theorien sind die ersten Forderungen nach allgemeinen Menschenrechten schlichtweg Ergebnis des Denkens einzelner: Sie sind universell hinsichtlich des Inhalts, weil sie sich an den Menschen als Vernunftwesen jenseits von Zeit und Raum wenden, aber sie sind extrem limitiert

* Dazu habe ich mich an anderer Stelle geäußert:
Eguaglianza e dignita' degli uomini, in: *Diritti dell'*
uomo e Nazioni Unite, Padua 1963, S. 29ff.

im Hinblick auf ihre Wirksamkeit, denn bestenfalls handelt es sich um Anregungen für eine künftige Gesetzgebung.

Diese Theorien werden erstmals durch die Menschenrechtserklärung der Vereinigten Staaten von Amerika und – nur einen Wimpernschlag danach – durch die Französische Revolution aufgegriffen und zur Grundlage einer neuen Staatsauffassung gemacht. Der neue Staat ist nicht mehr absolut, sondern begrenzt, kein Selbstzweck, sondern Mittel zur Erreichung von Zielen, die bereits vor seiner Errichtung und unabhängig von ihr formuliert wurden. Die Forderung nach Menschenrechten gilt nicht mehr als nobles Verlangen, sondern bildet vielmehr den Ausgangspunkt für die Errichtung eines Rechtssystems im eigentlichen Sinne des Wortes, nämlich eines Systems von positiven und tatsächlichen Rechten. Der zweite Schritt in der Geschichte der Menschenrechtsdeklarationen besteht also im Übergang von der Theorie zur Praxis, vom Recht als reinem Denkgegenstand zum angewandten Recht. In diesem Übergang gewinnen die Menschenrechte an Konkretion, aber sie verlieren an Universalität. Die Rechte sind von nun an geschützt, d.h. es sind wirklich positive Rechte, aber ihr Geltungsbereich ist begrenzt auf das Territorium des Staates, der sie anerkennt. Obwohl in den feierlichen Formulierungen die Unterscheidung zwischen Menschenrechten und Bürgerrechten aufrechterhalten bleibt, handelt es sich tatsächlich nicht mehr um Menschenrechte, sondern um Bürgerrechte, oder zumindest um Menschenrechte, die nur für die Bürger des jeweiligen Staates gelten.

Mit der Erklärung von 1948 beginnt eine dritte und letzte Phase, in der die Forderung nach Menschenrechten zugleich universal und positiv ist. Universal in dem Sinne, als die in ihnen enthaltenen Rechte nicht mehr nur für die Bürger eines bestimmten Staates, sondern für alle Menschen gelten. Und positiv, weil diese Erklärung einen Prozeß in Gang setzte, an dessen Ende über eine Proklamation oder nur unspezifisch anerkannte Menschenrechtsideale hinaus wirkungsvolle Garantien gegen die Staaten stehen sollten, die sie verletzen. Am Ende dieses Prozesses werden die Bürgerrechte tatsächlich im positiven Sinn zu Menschenrechten geworden sein. Zumindest werden die Rechte des Bürgers eines bestimmten Staates keine Grenzen mehr haben, weil sie für die ganze Menschheit gelten. Mit anderen Worten, es werden Menschenrechte im Sinne von Rechten eines Weltbürgers sein. Man könnte den Prozeß, der in die Allgemeine Erklärung der Menschenrechte mündet, auch auf diese Weise beschreiben und sich dabei der traditionellen Kategorien des Naturrechts und des positiven Rechts bedienen: Die Menschenrechte entstehen als universale Naturrechte, sie entwickeln sich weiter zu spezifischen positiven Rechten und realisieren sich schließlich als universale positive Rechte. Die Allgemeine Erklärung der Menschenrechte enthält in nuce die Synthese einer dialektischen Bewegung, die mit der abstrakten Universalität der Naturrechte beginnt und über die konkrete Besonderheit der positiven Rechte der einzelnen Staaten bei konkreten universalen und positiven Rechten zum Abschluß kommt.

Wenn ich sage, sie »enthält in nuce«, dann will ich die Aufmerksamkeit auf die Tatsache lenken, daß die Allgemeine Erklärung der Menschenrechte nur der Beginn eines langen Prozesses ist, dessen Abschluß wir noch gar nicht erahnen können. Die Erklärung ist mehr als ein System von Doktrinen, aber weniger als ein System juristischer Normen. Im übrigen ist häufiger darauf hingewiesen worden, daß die Erklärung selbst die Normen, die sie proklamiert, nicht juristisch auffaßt, sondern als »ein von allen Völkern und Nationen anzustrebendes gemeinsames Ideal«. Ein Bezug auf juristische Normen bleibt hypothetisch. In der Präambel der Erklärung heißt es, es sei »unabdingbar, daß die Menschenrechte durch juristische Normen geschützt werden, wenn man vermeiden will, daß der Mensch letzten Endes zur Rebellion gegen die Tyrannei und Unterdrückung gezwungen wird«. Dieser Satz stellt die notwendige Beziehung zwischen einem bestimmten Mittel und dem zu erreichenden Ziel her und bietet eine Alternative an: entweder juristischer Schutz oder Rebellion. Der richtige Weg wird nicht ausdrücklich genannt, wohl aber darauf hingewiesen, für welche der beiden Alternativen man sich entschieden hat, auch wenn man noch nicht in der Lage ist, sie durchzusetzen. Nun ist der Weg benannt; eine andere Sache ist es, ihn bis zu Ende zu gehen.

Als die Menschenrechte ausschließlich als Naturrechte betrachtet wurden, war die einzig mögliche Verteidigung gegen ihre Verletzung durch den Staat wiederum ein Naturrecht: das sogenannte Recht auch Widerstand. Später wurde dieses Naturrecht in den Verfassungen, die den juristischen Schutz für einige der Menschenrechte explizit aufnahmen, zu einem positiven Recht, nämlich der gesetzlich verankerten Möglichkeit, gegen den Staat selbst juristisch vorzugehen. Was können aber die Bürger eines Staates tun, der die Menschenrechte nicht für schutzwürdig hält? Ihnen bleibt wiederum kein anderer Weg als der Rückgriff auf das sogenannte Widerstandsrecht. Nur die Ausweitung des Schutzes der Menschenrechte auf alle Staaten und seine gleichzeitige, teilweise oder totale Absicherung durch eine den Staaten übergeordnete Instanz, nämlich die internationale Gemeinschaft, wird die Alternative Unterdrückung oder Widerstand aufheben können. Die Verfasser der Erklärung haben also mit jener hypothetischen Aussage über die beiden Alternativen bewiesen, daß sie um den richtigen Weg zum gewünschten Ziel wissen. Dieses Wissen ist aber noch nicht die Umsetzung in die Tat.

Wenn gesagt wird, daß die Allgemeine Deklaration der Menschenrechte nur den Beginn der letzten Phase in der universellen Umsetzung der Menschenrechte ins positive Recht darstellt, dann zielt das gemeinhin auf die Schwierigkeiten, wirksame Maßnahmen zu ihrem Schutz in einer Gemeinschaft wie der internationalen Staatengemeinschaft zu ergreifen. Auf internationaler Ebene gibt es noch kein Gewaltmonopol, wie es hingegen die Entstehung der modernen Staaten kennzeichnet. Aber es sind auch Entwicklungsprobleme, die den Inhalt der Erklärung betreffen. Das Dokument kann seinem Inhalt nach, das heißt hinsichtlich der Quantität und der Qualität der in ihm aufgezählten Rechte, keinerlei Anspruch auf Endgültigkeit erheben. Auch die Menschenrechte sind historische Rechte, die nach und nach aus den Kämpfen der Menschen um ihre Emanzipation und aus den Veränderungen ihrer Lebensbedingungen hervorgehen, die durch diese Kämpfe ausgelöst werden. Der Ausdruck »Menschenrechte« ist mit Sicherheit emphatisch; er kann täuschen, denn er legt den Gedanken nahe, es gäbe Rechte, die einem abstrakten, der Geschichte enthobenen Menschen zukommen, einem ewigen Menschenwesen, aus dem wir durch Reflexion die unfehlbare Erkenntnis seiner Rechte und Pflichten ableiten. Heute wissen wir, daß die Menschenrechte kein Produkt der Natur, wohl aber der menschlichen Zivilisation sind. Als Produkte der Geschichte unterliegen sie dem Wandel, das heißt, sie können verändert und erweitert werden. Aus den Schriften der ersten Naturrechtler wird klar, um wieviel länger die Liste der Rechte geworden ist: Hobbes kannte nur ein einziges, das Recht auf Leben. Wie allgemein bekannt ist, vollzog sich die Entwicklung der Menschenrechte in drei Phasen. Zunächst wurden die Freiheitsrechte eingefordert: die Rechte, die auf die Einschränkung der Staatsmacht abzielen und dem Individuum oder besonderen Gruppen eine Sphäre der Freiheit *vom* Staat verschaffen. In einem zweiten Schritt sind politische Rechte lanciert worden, in denen die Freiheit nicht mehr nur negativ als Nicht-Behinderung, sondern auch positiv als Autonomie definiert wurde. In der Konsequenz wurden die Mitglieder einer Gemeinschaft immer häufiger an der politischen Machtausübung beteiligt (Freiheit *im* Staat). Schließlich wurden die sozialen Rechte proklamiert, in denen sich neue Bedürfnisse, wir können ruhig auch sagen: Werte, ausdrücken, wie beispielsweise Wohlstand und nicht nur formelle Gleichheit. Hier könnte man von Freiheit *durch* oder *mit Hilfe* des Staates sprechen. Wenn jemand Locke, dem Meister der Freiheitsrechte, von der Möglichkeit der Beteiligung aller Bürger an den Staatsgeschäften und, schlimmer noch, dem Recht auf eine bezahlte Arbeit erzählt hätte, wäre seine Antwort gewesen, dies seien Hirngespinste. Locke hatte eine ganz bestimmte menschliche Natur vor Augen, nämlich die des Bürgers oder des Kaufmanns im 18. Jahrhundert. Bei ihnen fand er nicht – weil er sie aus diesem Blickwinkel auch gar nicht finden konnte – die Bedürfnisse und

Forderungen der Menschen, die eine andere Natur oder eigentlich gar keine menschliche Natur hatten (denn in dieser Zeit war die menschliche Natur identisch mit der Zugehörigkeit zu einer bestimmten Klasse).

Die Allgemeine Erklärung der Menschenrechte stellt mit Sicherheit einen positiven Ausgangspunkt für den Schutz der Menschenrechte auf der ganzen Welt dar. Aber wie bis hierher ausgeführt wurde, bedeutet sie hinsichtlich des Inhalts der proklamierten Rechte einen Stillstand in einem noch längst nicht abgeschlossenen Prozeß. Die aufgezählten Rechte sind keineswegs die einzig möglichen Menschenrechte. Es sind die Grundrechte jenes Menschen, wie er den Verfassern der Erklärung nach der Tragödie des Zweiten Weltkrieges vorschwebte, des Menschen, der geprägt ist durch die Epoche, die mit der Französischen Revolution begann und in die Russische Revolution mündete. Es bedarf keiner besonderen Phantasie, um vorherzusehen, daß die technische Entwicklung, die Veränderung der wirtschaftlichen und sozialen Verhältnisse, der Zuwachs an Wissen und die Verdichtung der Kommunikationsmittel derartige Veränderungen in den menschlichen Lebensbedingungen und den Sozialbeziehungen hervorrufen werden, daß neue Bedürfnisse und folglich auch Forderungen nach neuen Freiheiten entstehen werden. So bringt, um nur einige Beispiele zu nennen, die Ausweitung und immer größere Verflechtung der Kommunikationsmittel ein wachsendes Bedürfnis hervor, nicht von einer verlogenen und bedrängenden Propaganda betrogen, aufgehetzt oder gestört zu werden. Bei den Fragen der Teilhabe an der Macht wird das Verlangen nach Teilhabe an der wirtschaftlichen Macht neben der überall anerkannten, aber keineswegs überall realisierten Teilhabe an der politischen Macht in dem Maße stärker, wie der Einfluß der Wirtschaft auf die politischen Entscheidungen zunimmt. Bei den sozialen Rechten schließlich gibt es eine ständige Bewegung. Da die Forderung nach sozialen Schutzrechten mit der industriellen Revolution entstand, wird die rasche technische und wirtschaftliche Entwicklung neue Forderungen hervorbringen, die wir heute noch nicht einmal ahnen. Die Allgemeine Erklärung der Menschenrechte ist ein Spiegel des historischen Bewußtseins der Menschheit in der Mitte dieses Jahrhunderts von ihren Grundwerten. Sie stellt eine Synthese aus Vergangenheit und Anregungen für die Zukunft dar, aber die Rechte sind nicht auf ewig festgeschrieben.

Es handelt sich bei dieser Weiterentwicklung vielleicht auch um ein schrittweises Heranreifen der Erklärung, die bereits zu weitergehenden Dokumenten geführt hat und noch führen wird, wodurch das Ausgangsdokument neu interpretiert und zum Teil ergänzt wird.

Einige wenige Beispiele genügen, um dies zu verdeutlichen. Die Erklärung der Rechte des Kindes, die von der Generalversammlung am 20. November 1959 angenommen wurde, bezieht sich in ihrer Präambel auf die Allgemeine Erklärung der Menschenrechte. Gleich im Anschluß daran präsentiert sie die Frage der Kinderrechte als einen Spezialfall der Menschenrechte. Wenn es heißt, das »Kind« bedürfe aufgrund seiner physischen und geistigen Unreife eines *besonderen* Schutzes, wird offensichtlich, daß die Rechte des Kindes als ein *ius singulare* im Verhältnis zum *ius commune* erachtet werden. Das Gewicht, das ihnen durch das spezielle Dokument verliehen wird, leitet sich aus einem Prozeß der Spezifizierung des Allgemeinen her, in dem der Grundsatz *suum cuique tribuere* realisiert wird. Man sehe sich den Artikel 2 der Allgemeinen Erklärung an, in dem nicht nur die Diskriminierung aus religiösen und sprachlichen Gründen verurteilt wird, sondern auch die wegen des Geschlechts oder der Rasse. Was die Diskriminierung wegen des Geschlechts betrifft, so geht die Erklärung nicht über allgemeine Formulierungen hinaus, denn dort, wo der Text unterschiedslos von »Individuen« spricht, muß man vermuten, daß damit Männer und Frauen gemeint sind. Seit dem 20. Dezember 1952 jedoch hat die Generalversammlung eine Konvention zu den politischen Rechten der Frau verabschiedet, die in den ersten drei Artikeln die Diskriminierung sowohl hinsichtlich der passiven und aktiven Wahlrechte als auch beim Zugang zu öffentlichen Ämtern verbietet. Gegen die Diskriminierung aus rassischen Gründen hat die Generalversammlung am 20. November 1962 eine Erklärung verabschiedet; zwei Jahre später folgte eine Konvention, die in elf Artikeln einige typische Formen dieser Diskriminierung beschreibt und typische Praktiken benennt, wie die gesellschaftliche Ausgrenzung und speziell die *Apartheid* (Art. 5). In der Allgemeinen Erklärung hätten diese sehr spezifischen Praktiken gar nicht vorhergesehen werden können.

Eines der interessantesten und vielleicht auch meistbeachteten Probleme bei der Erweiterung der Menschenrechte steht im Zusammenhang mit der Entkolonialisierung, die – vielleicht sollte man daran an dieser Stelle erinnern – erst nach der Erklärung in ihre historisch entscheidende Phase getreten ist. In der Erklärung zur Gewährung der Unabhängigkeit für die Länder und Völker in kolonialer Abhängigkeit (verabschiedet am 14. Dezember 1960) fehlt der übliche Bezug auf die weltweiten Menschenrechte nicht. Aber diese Erklärung geht deutlich weiter. Bereits im ersten Artikel wird festgestellt, daß die Unterwerfung von Völkern unter Fremdherrschaft eine Negation fundamentaler Menschenrechte darstellt. Dies bedeutet eine echte Erweiterung des Textes der Allgemeinen Erklärung, die überdies von großer Explosivität ist. Die Aussage in Artikel 2, Absatz 2 der Allgemeinen Erklärung, daß es keinen Unterschied gibt aufgrund des politischen, juristischen oder internationalen Statuts des Landes oder Territoriums, dem eine Person angehört, und die Erklärung zur Unabhängigkeit, die die Unterwerfung unter die Herrschaft eines fremden Volkes für menschenrechtswidrig erklärt, unterscheiden sich erheblich voneinander. Die erste Aussage betrifft einzelne Individuen, die zweite ein ganzes Volk. Erstere beschränkt sich auf die Nichtdiskriminierung eines Individuums, letztere geht weiter bis hin zur Forderung nach kollektiver Autonomie. Sie stützt sich dabei auf das bereits in der Französischen Revolution proklamierte Grundrecht eines jeden Volkes auf Selbstbestimmung, das bereits im darauffolgenden Jahrhundert den nationalen Unabhängigkeitsbewegungen Nahrung gab. Dieses Grundrecht taucht im Absatz 2 der Unabhängigkeitserklärung wieder auf. Es wird also offenkundig, daß neben den Rechten der einzelnen Menschen, auf die sich die Allgemeine Erklärung ausschließlich bezieht, inzwischen durch den Prozeß der Entkolonialisierung und die bewußte Wahrnehmung der sich darin ausdrückenden Werte die Notwendigkeit herangereift ist, Grundrechte für die Völker zu fordern, für die die allgemeinen Menschenrechte der Individuen nicht notwendigerweise gelten. Das Selbstbestimmungsrecht der Völker wurde so in den neueren und wichtigsten, von der UNO gebilligten Dokumenten zum Thema Menschenrechte als erstes oder als Grundprinzip anerkannt. Der Pakt über die wirtschaftlichen, sozialen und kulturellen Rechte und der Pakt über die gesellschaftlichen und politischen Rechte, beide vom 16. Dezember 1966, beginnen mit dem Satz:»Alle Völker haben das Recht auf Selbstbestimmung«; und weiter heißt es:»Aufgrund dieses Rechtes entscheiden sie frei über ihre wirtschaftliche, soziale und kulturelle Entwicklung.« Der Artikel 3 in beiden Dokumenten bekräftigt dies und fordert von den Staaten konkrete Schritte zur Durchsetzung des Selbstbestimmungsrechtes der Völker.

Die Bemühungen der Vereinten Nationen und ihrer Organisationen bedeuten in zahlreichen Fällen eine Weiterentwicklung und Präzisierung der Allgemeinen Erklärung. Hier sei an die Konventionen zum Thema Arbeit und Gewerkschaftsfreiheit erinnert, die von den internationalen Arbeitsorganisationen lanciert wurden, vor allem aber an die Konvention zur Verhinderung und Abschaffung des Völkermordes, die von der Generalversammlung am 9. Dezember 1958 gebilligt wurde. In ihr wird auf eine bestimmte Gruppe von Menschen als Gesamtheit explizit ausgedehnt, was in den Artikeln 3 und 5 der Allgemeinen Erklärung bereits jedem einzelnen Menschen als Recht auf Leben, persönliche Unversehrtheit, Schutz vor Versklavung, vor Grausamkeit und unmenschlicher Behandlung garantiert wird. Wieder einmal kommen hinter den Menschenrechten für die Individuen neue Rechte für bestimmte Gruppen von Menschen, für Völker und Nationen zum Vorschein. (Ein interessanter Fall dieser *Magna Charta* der Völker ist der Artikel 47 des Abkommens über die bürgerlichen und die politischen Rechte, der von einem

»Recht« spricht, nach dem alle Völker in vollständiger Freiheit über ihre Reichtümer und natürlichen Ressourcen verfügen dürfen. Die Gründe für solche Formulierungen sind unschwer zu erkennen. Schwerer dagegen ist es, deren Konsequenzen vorherzusehen, wenn sie tatsächlich beim Wort genommen werden.)

Da Proklamationen allein keinen wirksamen Schutz der Menschenrechte darstellen, haben wir das tatsächliche Problem noch vor uns: Es besteht darin, die richtigen Maßnahmen zu ihrem effektiven Schutz zu ersinnen. Dies wird ein dornenreicher Weg sein, auf dem wir zwei Arten von Wanderern treffen werden: solche, die wissen, wo es langgeht, denen aber die Füße gebunden sind, und solche, die ihre Füße frei bewegen können, die aber leider verbundene Augen haben. Zwei Arten von Schwierigkeiten sind dabei genau auseinanderzuhalten. Die eine ist eher juristisch-politischer Natur, die andere substantieller Art, das heißt, sie ergibt sich aus dem Inhalt der in Frage stehenden Rechte.

Die erste Schwierigkeit ergibt sich aus der Natur der internationalen Gemeinschaft: aus der Art von Beziehungen zwischen den einzelnen Staaten bzw. jedem einzelnen Staat und der Gemeinschaft als ganzer. Um eine alte Unterscheidung aufzugreifen, die zu anderen Zeiten den Zweck hatte, die Beziehungen zwischen Staat und Kirche zu beschreiben, könnte man sagen, die Organe der internationalen Gemeinschaft besitzen gegenüber den Staaten, die sie bilden, eine *vis directiva*, aber keine *vis coactiva*. Der juristische Schutz, den man von anderen Formen der sozialen Kontrolle unterscheiden muß, ist jener Schutz, den der Bürger genießt, wenn er in einem solchen Staat lebt, und der auf der *vis coactiva* gründet. Das Problem der Wirksamkeit der *vis directiva* und das Problem der Differenz zwischen *vis directiva* und *vis coactiva* hinsichtlich ihrer Effektivität sollen an dieser Stelle nicht erörtert werden, ausgenommen folgende Überlegung: Damit die *vis directiva* ihr Ziel erreichen kann, muß im allgemeinen wenigstens eine von zwei Bedingungen erfüllt sein: a) Derjenige, der sie ausübt, muß eine sehr hohe Autorität genießen. Er muß, wenn schon nicht einschüchternd, so doch zumindest respekteinflößend wirken; b) Derjenige, auf den sich die Autorität bezieht, muß sehr vernünftig sein, das heißt, er muß seiner Einstellung nach nicht nur auf Gewalt reagieren, sondern auch auf Argumente.

Zwar ist jede Verallgemeinerung zu vermeiden, da die Beziehungen zwischen den einzelnen Staaten und der internationalen Gemeinschaft von unterschiedlichster Natur sein können, aber man wird doch einräumen müssen, daß in einer Reihe von Fällen eine der beiden Bedingungen, wenn nicht gar beide fehlen. In genau diesen Fällen kommt es am leichtesten zu Situationen, in denen der Schutz der Menschenrechte unzureichend ist oder völlig fehlt, und auf die die internationale Gemeinschaft eigentlich reagieren müßte. Die Mißachtung der Menschenrechte im Innern und der mangelnde Respekt gegenüber der internationalen Gemeinschaft nach außen gehen Hand in Hand. Je autoritärer eine Regierung mit den Freiheiten ihrer Bürger umgeht, um so libertärer ist sie im Umgang mit der Autorität der internationalen Gemeinschaft.

Auf den Spuren der alten Unterscheidung differenziert die heutige politische Theorie, allerdings mit größerer Präzision, im Kern zwei Formen der sozialen Kontrolle: *Einfluß* und *Macht*. Unter Einfluß versteht man die Kontrolle, die durch Einwirkung auf seine Entscheidungen das Handeln des anderen lenkt; und mit Macht meint man die Kontrolle, die das Verhalten des anderen dadurch bestimmt, daß es ihm jegliche Alternativen verbaut. Geht man von dieser Differenz aus, dann ergibt sich ein klarer Unterschied zwischen juristischem Schutz im engeren Sinne und internationalen Garantien. Ersterer bedient sich der Macht als Form der sozialen Kontrolle, letztere hingegen bauen einzig und allein auf Beeinflussung. Felix Oppenheim unterscheidet jeweils drei Formen der Beeinflussung: die Überredung, die Entmutigung und die Konditionierung; und drei Formen der Gewalt, nämlich die physische Gewalt, die gesetzmäßige Behinderung und die Androhung schwerwiegender Sanktionen.[*] Die Kontrolle durch die internationalen Organisationen entspricht ziemlich genau den drei Formen der Beeinflussung, sie bleibt aber auf der untersten Stufe der Gewalt stehen. Genau auf dieser Stufe beginnt der Schutz, den wir aufgrund einer langen Tradition gewöhnlich juristischen Schutz nennen. An dieser Stelle soll keine langatmige Diskussion um Begriffe stattfinden. Im Kern geht es darum, zu wissen, welche Formen der sozialen Kontrolle möglich sind, und daraus abzuleiten, welche im Augenblick von der internationalen Gemeinschaft angewendet werden und angewendet werden können. Wirksame oder weniger wirksame Formen des Schutzes müssen voneinander unterschieden werden, um so möglichst effektiv und ohne Umwege agieren zu können. Wir müssen uns die Frage stellen, welches die effektivsten Maßnahmen zum Schutz der Menschenrechte auf internationaler Ebene sind, die im Augenblick auch in die Tat umgesetzt werden können.

[*] F. Oppenheim, *Dimensioni della libertà*, Mailand 1964, S. 31 ff.

Die Aktivitäten der internationalen Organisationen zum Schutz der Menschenrechte bis zum gegenwärtigen Zeitpunkt kann man nach drei Gesichtspunkten differenzieren, *der Promotion*, *der Kontrolle* und *der Garantie*. Diese Unterscheidung gilt nur cum grano salis. Es ist nicht immer leicht, genau zu unterscheiden, wo Promotion endet und wo Kontrolle beginnt, wo Kontrolle aufhört und wo Garantie anfängt. Es handelt sich um ein Kontinuum, in dem wir aus Gründen didaktischer Zweckmäßigkeit die drei genannten Momente unterscheiden.* Unter Promotion versteht man die Gesamtheit der Handlungen, die auf das folgende, doppelte Ziel gerichtet sind: a) die Staaten, die noch keine gesonderten Regeln zum Schutz der Menschenrechte haben, zu deren Einführung zu bewegen; b) diejenigen Staaten, die sie bereits haben, zur Weiterentwicklung der Rechte zu bewegen, und zwar sowohl materiell (was Zahl und Qualität der schutzwürdigen Rechte angeht) als auch verfahrenstechnisch (die Zahl und Qualität der juristischen Kontrollen betreffend). Unter Kontrolle versteht man die Gesamtheit der Maßnahmen seitens der internationalen Organisationen, mit denen überprüft werden soll, ob und in welchem Grad die Konventionen eingehalten wurden. Zwei typische Beispiele für diese Kontrolle, beide bereits in den beiden zitierten Abkommen aus dem

* Zu einer Vertiefung der Problematik verweise ich auf zwei Studien von A. Cassese, *Il controllo internazionale sul rispetto della libertà sindacale nel quadro delle attuali tendenze in materia di protezione internazionale dei diritti dell' uomo*, in: *Comunicazioni e studi* des Instituts für internationales und ausländisches Recht der Universität Mailand, 1966, S. 293 ff., sowie *Il sistema di garanzia della Convenzione dell' Onu sull' eliminazione di ogni forma di discriminazione razziale*, in: *Riv. di diritto internazionale*, 1967, S. 270 ff. Vgl. auch die dort angeführte Bibliographie.

Jahr 1966 vorgesehen, sind die *Berichte*, die jeder einzelne Unterzeichnerstaat der Konvention über die Maßnahmen abgibt, die in seinem Bereich durchgeführt wurden, um die Menschenrechte in Übereinstimmung mit dem Abkommen zu schützen (vgl. Art. 40), sowie die *Kommuniqués*, durch die ein Staat einen anderen anklagt, wenn dieser die Pflichten, die ihm das Abkommen auferlegt, nicht erfüllt (vgl. Art. 41).* Unter den Bemühungen um Garantie (vielleicht wäre es besser, hier von Garantie im engeren, also im Sinne von Haftung, Gewährleistung zu sprechen) versteht man schließlich die Einrichtung einer richtigen internationalen Rechtsprechung, die an die Stelle der nationalen tritt. Zwischen den beiden ersten Formen, die Menschenrechte zu schützen, und der dritten besteht ein ganz klarer Unterschied. Während Promotion und Kontrolle sich ausschließlich auf bestehende Rechte oder auf deren Einrichtung innerhalb von Staaten beziehen, also die nationale Rechtsprechung ausbauen wollen, ist letztere auf die Schaffung einer neuen, höheren Justiz hin angelegt, nämlich auf die Ersetzung der nationalen durch die internationalen Schutzrechte, wenn diese innerhalb eines Staates unzureichend sind oder gar gänzlich fehlen sollten.

Bekanntermaßen ist diese Art von Garantie in der Europäischen Menschenrechtskonvention vorgesehen, die in Rom am 4. November 1950 unterzeichnet wurde und die am 3. September

* Diese Probleme werden mit großer
Genauigkeit in einem Artikel von
F. Capotorti behandelt: *Le Nazioni Unite
per il progresso dei diritti dell' uomo.
Risultati e prospettive*, Abschnitt 6 u. 7, in:
La Comunità internazionale XXII, 1967,
S. 11–35. Der Autor macht auf den Artikel 22
des ILO und auf Artikel VIII der UNESCO
aufmerksam.

1953 in Kraft trat. Hierin ist die vollkommen neue Möglichkeit vorgesehen, als Individuum Eingaben an die Europäische Kommission für Menschenrechte zu machen (Art. 25)*. Es handelt sich um eine Neuerung, die bisher eine besonders avancierte Ausnahme im gegenwärtigen System der internationalen Garantien für die Menschenrechte darstellt. Dennoch kann man, bei Licht betrachtet, von einem internationalen Schutz der Menschenrechte nur sprechen, wenn es eine internationale Rechtsprechung gibt, die über der jeweiligen nationalen Rechtsprechung steht, und wenn sich der Übergang von den Garantien *innerhalb* eines Staates zu den Garantien *gegenüber* dem Staat vollzogen hat.

Man möge sich an den Kampf um die Menschenrechte innerhalb eines Staates erinnern, der mit der Errichtung der repräsentativen Staatsordnung einherging, das heißt mit der Auflösung der Staatsmacht im überkommenen Sinn. Historische Analogien sind immer mit Vorsicht zu gebrauchen, aber es ist gut möglich, daß der Kampf für die Durchsetzung der Menschenrechte auch gegen den Staat eine Veränderung in der Auffassung der Außenbeziehungen eines Staates zu anderen Staaten und eine Zunahme des repräsentativen Charakters der internationalen Organisationen voraussetzt, was, wenn auch langsam, tatsächlich bereits im Gange ist. Das Beispiel der Europäischen Menschenrechtskonvention lehrt, daß die internationalen Garantien dort am weitesten fortgeschritten sind, wo sie genaugenommen weniger notwendig sind. »Rechtsstaaten« nennen wir diejenigen Staaten, in denen ein ganzes System die Menschenrechte garan-

* Vgl. die Einleitung von G. Sperduti zu *La Convenzione europea dei diritti dell' uomo*, Schriften des Europarats, Straßburg 1962

tiert. Es gibt auf der Welt Rechtsstaaten und solche, die es nicht sind. Aber es sind eben diese, die am wenigsten bereit sind, Veränderungen in den internationalen Organisationen zu akzeptieren, die auf die Errichtung und die Funktionsfähigkeit eines umfassenden Schutzes für die Menschenrechte abzielen. Drastisch ausgedrückt befinden wir uns heute beim internationalen Schutz der Menschenrechte in einer Phase, in der dieser Schutz dort, wo er vielleicht gar nicht so notwendig wäre, möglich ist, während er dort, wo er nötig wäre, am wenigsten möglich ist.

Über die juristisch-politischen Probleme hinaus stößt der Schutz der Menschenrechte auf Schwierigkeiten, die mit der Substanz dieser Rechte selbst zu tun haben. Es ist eigentlich erstaunlich, wie wenig man sich um diese Schwierigkeiten kümmert. Da die Mehrzahl der Menschenrechte inzwischen in das allgemeine moralische Empfinden eingegangen ist, meint man, ihre Anwendung sei ebenso einfach. Aber in Wirklichkeit ist dies außerordentlich kompliziert. Auf der einen Seite verführt die allgemeine Zustimmung zu dem Glauben, die Menschenrechte hätten einen absoluten Wert. Auf der anderen Seite macht die einheitliche und unspezifische Bezeichnung »Menschenrechte« glauben, es handele sich dabei um eine homogene Einheit. Die Menschenrechte sind jedoch mehrheitlich nicht absolut, und sie bilden auch keine homogene Gruppe von Rechten.

Der Begriff »absoluter Wert« bezeichnet einen *Status*, der nur den wenigen Menschenrechten zukommt, die in allen Situationen und unterschiedslos für alle Menschen gelten. Es handelt sich um einen privilegierten Status, der von der äußerst selten anzutreffenden Situation abhängig ist, in der fundamentale Rechte existieren, die nicht in Konkurrenz zu anderen fundamentalen Rechten stehen. Ausgangspunkt dieser Überlegung ist die offensichtliche Tatsache, daß man einer Personengruppe kein Recht zuerkennen kann, ohne das Recht einer anderen Gruppe zu limitieren. Das Recht, nicht versklavt werden zu können, impliziert beispielsweise das Verbot, Sklaven zu besitzen, und das Recht, nicht gefoltert zu werden, schließt das Verbot der Folter ein. Diese beiden Rechte können als absolut angesehen werden, weil die Handlungen, die in der Folge ihrer Einrichtung und ihres Schutzes als unzulässig gelten, universell verurteilt werden. Als Beleg dafür kann man die Europäische Menschenrechtskonvention anführen, in der beide Rechte ausdrücklich von den Sonderregeln ausgenommen sind, die im Kriegsfall oder bei Gefahr für die öffentliche Ordnung statt aller anderen (vgl. Art. 15, Abs. 2) gelten. In der Mehrzahl der Fälle, in denen es um ein Menschenrecht geht, stehen sich hingegen zwei fundamentale Rechte gegenüber, und man kann nicht das eine uneingeschränkt schützen, ohne das andere außer Kraft zu setzen. Ein Beispiel für diese These ist das Recht auf freie Meinungsäußerung auf der einen Seite und das Recht, nicht betrogen, aufgehetzt, beleidigt, geschmäht oder beschimpft zu werden, auf der anderen Seite. In diesen Fällen, die die Mehrheit darstellen, muß man von fundamentalen Rechten sprechen, die nicht absolut, sondern relativ sind. Ihr Schutz stößt an einem bestimmten Punkt an eine unüberwindliche Schranke: den Schutz eines anderen, auch wieder fundamentalen Rechtes. Da aber der Punkt, an dem ein Recht endet und ein anderes beginnt, äußerst schwierig zu bestimmen ist und zudem ganz unterschiedlich interpretiert werden kann, ist die Begrenzung eines fundamentalen Menschenrechtes extrem variabel und kann nicht ein für allemal festgelegt werden.

Einige Artikel der Europäischen Menschenrechtskonvention sind in zwei Abschnitte unterteilt, von denen einer das Recht formuliert, während der andere die zahlreichen Ausnahmen auflistet. Es gibt auch Situationen, in denen ein Menschenrecht überhaupt nicht durchgesetzt werden kann, weil das ihm entgegenstehende Menschenrecht die Oberhand behält, wie beispielsweise im Fall der Kriegsdienstverweigerung aus Gewissensgründen. Hier stellt sich die Frage, was grundlegender ist, das Recht, nicht zu töten, oder das Recht der Gemeinschaft, gegen einen äußeren Feind verteidigt zu werden. Auf der Grundlage welchen Kriteriums kann diese Frage entschieden werden? Aufgrund persönlichen Gewissens, des Wertesystems der Gruppe, der man angehört, des moralischen Bewußtseins der Menschheit in einem gegebenen historischen Moment? Und wem ist nicht bewußt, daß all diese Kriterien extrem unpräzise sind, zu unpräzise, um jenes Prinzip der Gewißheit anwenden zu können, das ein juristisches System braucht, um Recht und Unrecht unparteilich bestimmen zu können?

Wenn hier von den Menschenrechten als heterogener Kategorie die Rede ist, dann bezieht sich dies auf die Tatsache, daß sie von dem Moment an, da auch die sozialen Rechte als Menschenrechte anerkannt wurden, Rechte beinhalten, die miteinander inkompatibel sind, das heißt Rechte, die nicht geschützt werden können, ohne daß dadurch der Schutz anderer Rechte eingeschränkt oder aufgehoben wird. Man kann von einer freien und gerechten Gesellschaft träumen, in der weltweit die Freiheitsrechte und die sozialen Rechte verwirklicht sind, aber die wirklichen Gesellschaften, die wir vor Augen haben, sind um so freier, je weniger gerecht sie sind, und je gerechter sie sind, desto weniger frei sind sie. Damit kein Mißverständnis aufkommt: Hier werden die gegen den Eingriff des Staates garantierten Rechte »Freiheit« und jene Rechte, die einer Intervention des Staates zu ihrer Durchsetzung bedürfen, »Macht« genannt. Entgegen einer verbreiteten Meinung ergänzen sich Macht und Freiheit nicht, sondern sie sind inkompatibel. Die Gesellschaft, in der wir leben, ist durch immer größere organisatorische Effizienz charakterisiert, und wir erringen in ihr Tag für Tag ein wenig mehr Macht, die wir mit dem Verlust von Freiheit bezahlen. Die Unterscheidung zwischen den beiden Arten von Menschenrechten, deren vollständige und gleichzeitige Umsetzung unmöglich ist, wird im übrigen dadurch untermauert, daß ihr auch auf theoretischer Ebene zwei unterschiedliche Konzeptionen der Menschenrechte entsprechen, die liberale und die sozialistische.

Der Unterschied zwischen beiden Auffassungen besteht exakt in einer Überzeugung, die beide teilen. Danach muß man eine Entscheidung zwischen den beiden Typen von Rechten treffen, oder doch zumindest eine Rangordnung herstellen. Auch wenn beide Konzeptionen den Anspruch erheben, zu einer Synthese zu gelangen, so hat die Geschichte die Versuche aller Regimes, die dafür standen, widerlegt. Was wir uns von der Entwicklung beider Arten von Regimes erwarten können, ist keine endgültige Synthese, sondern im günstigsten Fall ein Kompromiß, also eine provisorische Synthese. Aber auf der Grundlage welcher Kriterien wird man einen Kompromiß suchen? Auch auf diese Frage gibt es keine Antwort, die die Menschheit der Gefahr entheben würde, Fehler mit tragischen Folgen zu begehen. Durch die Proklamation der Menschenrechte haben wir die grundlegenden Werte der menschlichen Zivilisation bis zum heutigen Tag deutlich sichtbar gemacht. Das stimmt, aber diese Werte sind gegenläufig, das ist das Problem.

Es war von den Schwierigkeiten die Rede, die von den Menschenrechten selbst herrühren, wenn man diese in ihrer Gesamtheit betrachtet. Nun ist noch eine Schwierigkeit hinsichtlich ihrer Umsetzung zu nennen. Nicht alles, was erstrebenswert ist, kann man auch realisieren. Zur Realisierung der Menschenrechte bedarf es objektiver Voraussetzungen, die außerhalb des guten Willens derer liegen, die diese Rechte proklamieren, und die auch nicht in der Macht derer stehen, denen der Schutz dieser Rechte aufgetragen ist. Auch der liberalste Staat steht vor dem Problem, in Kriegszeiten einige Freiheitsrechte einschränken zu müssen. Genauso kann der sozialistische Staat in Zeiten des Mangels keine vollkommen gerechte Verteilung garantieren. Das schreckliche Problem, mit dem sich die Entwicklungsländer heute konfrontiert sehen, ist bekannt: Sie befinden sich wirtschaftlich in einer Situation, die es ihnen, allen idealen Programmen zum Trotz, größtenteils nicht erlaubt, den Schutz der sozialen Rechte weiterzuentwickeln. Das Recht auf Arbeit entstand mit der industriellen Revolution und ist aufs engste mit deren Vollendung verknüpft. Es reicht nicht, dieses Recht zu begründen oder zu proklamieren. Es reicht noch nicht einmal, es zu schützen. Seine Umsetzung ist kein philosophisches, moralisches oder juristisches Problem. Es ist ein Problem, dessen Lösung von einer bestimmten gesellschaftlichen Entwicklung abhängt, und daher stellt es auch für die fortschrittlichsten Verfassungen eine Herausforderung dar und bringt auch den perfektesten Mechanismus juristischer Schutzrechte in die Krise.

Eine Diskussion über die Menschenrechte, will sie nicht Gefahr laufen, akademisch zu werden, muß den prozeduralen und substantiellen Schwierigkeiten Rechnung tragen, die an dieser Stelle angerissen wurden. Die Verwirklichung eines besseren Schutzes der Menschenrechte ist eng mit der weltweiten Entwicklung der menschlichen Gesellschaft verknüpft. Man kann beide nicht voneinander trennen, es sei denn mit dem Risiko, das Problem nicht nur nicht zu lösen, sondern gar nicht erst in seiner realen Tragweite zu begreifen. Wer das Problem der Menschenrechte isoliert auffaßt, ist schon verloren, da man es nicht von den großen Problemen unserer Zeit abstrahieren kann, von Krieg und Elend, von dem absurden Gegensatz zwischen dem Übermaß an Macht, die eine Minderheit unter sich aufgeteilt hat, und dem Übermaß an Ohnmacht, das den überwiegenden Teil der Menschheit ins Elend zwingt. Nur im Bewußtsein dieses Zusammenhanges können wir uns dem Problem der Menschenrechte realistisch nähern. Man muß nicht unbedingt Pessimist sein und verzweifeln, aber zu Optimismus und Übermut besteht andererseits auch kein Anlaß.

Jedem, der vorurteilslos an die Frage der Menschenrechte nach dem Zweiten Weltkrieg herangehen möchte, sei zunächst die Lektüre der Allgemeinen Erklärung der Menschenrechte und danach ein Blick in die Wirklichkeit empfohlen. Man wird zu dem Eingeständnis gezwungen sein, daß trotz der weit vorausschauenden Ideen der Philosophen der Aufklärung, trotz der mutigen Formulierungen der Juristen und trotz der Bemühungen aller wohlmeinenden Politiker noch ein sehr langer Weg zurückgelegt werden muß. Angesichts der enormen Aufgaben, die auf uns warten, wird es scheinen, als habe die Geschichte der Menschheit, wiewohl Jahrtausende alt, gerade erst begonnen.

[1968]

Das Zeitalter der Menschenrechte

Zu drängenden Zukunftsproblemen unserer Zeit in einem Interview befragt, antwortete ich, dies seien meines Erachtens unter anderen das immer schnellere und vollkommen unkontrollierte Bevölkerungswachstum und die immer schnellere und vollkommen unkontrollierte Zerstörung der Umwelt. Das Gespräch darüber gipfelte in der Frage, ob ich neben diesen negativen Vorzeichen auch irgendetwas Positives erkennen könnte. Meine Antwort war ja, wenigstens in einem Punkt: die zunehmende Beachtung, die das Thema Anerkennung der Menschenrechte in den internationalen Debatten, bei gebildeten Menschen und bei Politikern, auf wissenschaftlichen Tagungen und auf Regierungskonferenzen erfährt.

Wohlgemerkt, das Problem ist nicht neu. Mindestens seit Beginn der Moderne, zunächst durch die Verbreitung der naturrechtlichen Auffassungen und dann durch die Menschenrechtserklärungen, die in die Verfassungen der liberalen Staaten aufgenommen wurden, entsteht das Problem der Weiterentwicklung, Durchsetzung und Behauptung des Rechtsstaates in einem immer größeren Teil der Welt auf Schritt und Tritt. Aber es trifft auch zu, daß seit dem Ende des Zweiten Weltkrieges dieses Problem von einem nationalen zu einem internationalen geworden ist und zum ersten Mal in der Geschichte alle Völker ohne Ausnahme involviert. Die drei Entwicklungsphasen in der Geschichte der Menschenrechte, die in der allgemeinen Einleitung zur Anthologie *Derecho positivo de los derechos humanos*, herausgegeben von Gregorio Peces-Barba*, dargelegt werden, nämlich: Positivierung, Verallgemeinerung und Internationalisierung, haben sich im Laufe der Zeit immer weiter verstärkt.

1. Die Perspektiven, die man bei der Behandlung der Menschenrechte einnehmen kann, sind ganz unterschiedlicher Art. Der Blickwinkel kann philosophisch, historisch, ethisch, juristisch oder politisch sein. Jede dieser Sichtweisen hängt mit allen anderen zusammen, kann aber auch für sich genommen betrachtet werden. Die von mir gewählte Perspektive ist riskanter, vielleicht auch hochgestochener, denn ich möchte einen Überblick über die anderen gewinnen. Um diesen Blickwinkel adäquat zu bezeichnen, fällt mir kein anderes Wort als *geschichtsphilosophisch* ein.

Mir ist bewußt, daß die Geschichtsphilosophie heute diskreditiert ist, insbesondere in Italien, nachdem Benedetto Croce sie für tot erklärt hat. Geschichtsphilosophie wird als eine typische Wissensform des 19. Jahrhunderts angesehen, die inzwischen überholt ist. Karl Jaspers' Arbeit *Vom Ursprung und Ziel der Geschichte* von 1949** war vielleicht der letzte große geschichtsphilosophische Versuch, der trotz der großen Faszination, die von der Darstellung der bedeutenden historischen Epochen der Menschheit ausgeht, bald in Vergessenheit geriet und keinerlei

---

* G. Peces-Barba (Hrsg.), *Derecho positivo de los derechos humanos*, Madrid 1987, S. 13 f.
** 2. Auflage, München 1988   38

ernstzunehmende Debatte auslöste. Aber angesichts eines so umfassenden und wichtigen Themas wie dem der Menschenrechte fällt es schwer, nicht über die rein narrative Geschichte hinauszugehen.

Nach einer verbreiteten Meinung der Historiker (der von ihr überzeugten ebenso wie der Gegner), ist die Geschichtsphilosophie angesichts eines Ereignisses oder einer Reihe von Ereignissen gleichbedeutend mit der Frage nach dem »Sinn« der Geschichte, und zwar in einer finalistischen (oder theologischen) Sichtweise (die sowohl die menschliche wie auch die Naturgeschichte einbezieht); wobei der gesamte Geschichtsverlauf von Anfang bis Ende als auf ein Ziel, ein *telos* gerichtet, angesehen wird. Wer sich den Ereignissen so nähert, für den sind sie nicht mehr schlichte Tatsachen, die beschrieben, erzählt, zeitlich eingeordnet und eventuell mit Hilfe der Techniken und Regeln der Wissenschaft ausgedeutet werden können, sondern sie werden zu Zeichen oder *Indizien* einer nicht notwendigerweise bewußten Bewegung in eine bereits von vornherein feststehende Richtung. Aber trotz aller Schwierigkeiten oder gar Abneigung des Historikers gegen die Geschichtsphilosophie: Können wir eigentlich ausschließen, daß sich in der historischen Erzählung von großen Ereignissen nicht doch eine finalistische Perspektive versteckt, selbst wenn dies dem Historiker gar nicht bewußt ist?

Wie kann sich ein Historiker des *ancien regime* bei dem Bericht über die Ereignisse jener Zeit nicht davon beeinflussen lassen, daß diese schließlich in die Große Revolution mündet? Wie kann er sich der Versuchung entziehen, jene Ereignisse als Vorzeichen eines vorherbestimmten und bereits in ihnen selbst enthaltenen Endes zu interpretieren?

Der Mensch ist ein teleologisches Tier, und gemeinhin agiert er mit Orientierung auf künftige Ziele. Nur wenn man das Resultat einer Aktion einbezieht, kann man deren »Sinn« verstehen. Die Perspektive der Geschichtsphilosophie stellt eine Transposition dieser finalistischen Interpretation des Handelns jedes einzelnen auf die Ebene der gesamten Menschheit dar, so, als ob die Menschheit ein einziges riesiges Individuum wäre, dem wir dieselben Eigenschaften wie einem wirklichen Individuum im Kleinen zuschreiben. Was die Geschichtsphilosophie in der Tat problematisch macht, ist genau diese Übertragung, für die kein einziger überzeugender Beweis erbracht werden kann. Ganz gleich, ob diese Transposition vom Standpunkt des Historikers aus legitim ist oder nicht, müssen sich ihre Befürworter dessen bewußt sein, daß sie sich in das Gebiet der, um mit Kant zu sprechen, »prophetischen« Geschichte vorwagen, also in eine Geschichte, deren Funktion nicht in der Erkenntnis, sondern in der beschwörenden oder überredenden Ermahnung besteht.

2. In einer seiner letzten Schriften wirft Kant die Frage auf, ob die Menschheit sich wirklich kontinuierlich zum Besseren hin bewege. Ein wenig zögernd meint er, eine positive Antwort geben zu können, wenngleich er der Ansicht ist, daß die Frage selbst in den Bereich der wahrsagenden Geschichte gehöre.

Auf der Suche nach einem Ereignis, das als »Zeichen« für das Streben der Menschen nach Fortschritt angesehen werden kann, verweist er auf die Begeisterung, die die Französische Revolution auf der ganzen Welt auslöste. Die Ursache dafür könne nichts anderes sein »als eine moralische Anlage im Menschengeschlecht«. Kant führt weiter aus, »daß wahrer Enthusiasmus immer auf das *Idealische*, und zwar rein Moralische geht [...], und nicht auf den Eigennutz gepropft werden kann.« Die Ursache für diesen Enthusiasmus und mithin das Vorzeichen *(signum pro-gnosticon)* der moralischen Anlagen der Menschheit stellte Kant zufolge das Auftreten eines Rechts in der Geschichte dar,»daß ein Volk von anderen nicht gehindert werden dürfe, sich eine bürgerliche Verfassung zu geben, wie sie ihm selbst gut zu sein dünkt«. Unter »bürgerlicher Verfassung« versteht Kant eine Gesetzgebung, die in Übereinstimmung mit den natürlichen Anlagen der Menschheit steht, eine Verfassung, in der diejenigen, die den Gesetzen gehorchen, auch gemeinsam über die Gesetze befinden.*

Indem Kant das Naturrecht als das Recht eines jedes Menschen definiert, nur dem Gesetz zu gehorchen, über das er selbst befindet, faßt er Freiheit als Autonomie auf, als das Vermögen, sich seine eigenen Gesetze zu geben. Im übrigen hatte Kant bereits zu Beginn der *Metaphysik der Sitten*, die etwa zur gleichen Zeit verfaßt wurde, feierlich und apodiktisch festgestellt (als bestünde darüber keinerlei Zweifel), daß der Mensch, sobald er Rechte einmal als moralische Möglichkeit zur Beherrschung anderer verstanden hat, sie als eingeborene und erworbene Rechte betrachtet. Das einzige eingeborene Recht, das dem Menschen von Natur aus, und nicht durch irgendeine Autorität zukommt, ist für Kant aber die Freiheit, also gerade die Unabhängigkeit von jedwedem Zwang durch andere, oder, um es noch anders auszudrücken, Freiheit ist Autonomie.

Angeregt durch diese außerordentlichen Reflexionen Kants möchte ich hier meine These darlegen: Unter geschichtsphiloso-

* I. Kant, *Politische Schriften*, Köln Opladen 1965, S. 158

phischem Aspekt kann die gegenwärtige Debatte um die Menschenrechte, die sich immer mehr intensiviert und ausgeweitet und schließlich alle Völker der Erde umfaßt hat, als ein *signum prognosticon* des moralischen Fortschritts der Menschheit gedeutet werden.

Ich sehe mich nicht als blinden Fortschrittsoptimisten. Der Fortschrittsgedanke war eine der zentralen Ideen des geschichtsphilosophischen Denkens in den vergangenen Jahrhunderten, nach dem (allerdings nicht definitiven) Verschwinden der Idee einer Regression (die Kant terroristisch nannte) und der Vorstellung von Zyklen, die in der klassischen Antike und der Zeit vor Christus ihre Blüte hatten. Mit der Formulierung »nicht definitiv« möchte ich andeuten, daß Ideen der Vergangenheit, die zu einem bestimmten Zeitpunkt für tot erklärt worden waren, immer wieder neu entstehen können. Das allein schließt schon die Idee eines unendlichen und irreversiblen Fortschritts aus. Wenn ich aber auf der einen Seite kein dogmatischer Anhänger des unaufhaltsamen Fortschritts bin, so zähle ich mich doch genausowenig zu den dogmatischen Vertretern der Gegenposition. Das einzige, was man meines Erachtens mit einiger Gewißheit sagen kann, ist, daß die Geschichte der Menschheit nicht eindeutig ist und ganz unterschiedliche Antworten gibt, je nachdem, wer sie von welchem Standpunkt aus befragt. Dennoch kommen wir nicht umhin, uns nach dem Schicksal der Menschheit zu fragen, wie wir uns auch unaufhörlich mit der Frage befassen, woher wir kommen. Auch das geschieht, wie ich noch einmal betone, nur durch die Deutung der Zeichen, die wir in den Ereignissen erkennen; wie bei Kant, als er sich die Frage nach dem Fortschreiten der Menschheit zum Besseren stellte.

Es geht hier um den moralischen, nicht um den technischen oder wissenschaftlichen Fortschritt. Dies ist nicht der Ort, die alte Debatte über den Zusammenhang zwischen beiden wieder aufzunehmen. Ich möchte es bei dem Hinweis belassen, daß der technische und der wissenschaftliche Fortschritt bis heute tatsächlich bewiesen haben, daß sie kontinuierlich, irreversibel und mithin effektiv sind, wohingegen es sehr viel problematischer, wenn nicht gar riskant ist, das Thema des tatsächlichen moralischen Fortschritts in gleicher Weise zu behandeln. Dafür gibt es wenigstens zwei Gründe:

1. Der Begriff Moral ist schon für sich genommen problematisch.

2. Selbst wenn wir uns über die Definition der Moral einig wären, konnte bisher noch niemand ebenso klare und eindeutige Anhaltspunkte finden, an denen der moralische Fortschritt einer Nation oder gar der ganzen Menschheit zu messen sei, wie das beim wissenschaftlich-technischen Fortschritt der Fall ist.

3. Der Begriff Moral ist, wie gesagt, problematisch. Ich erhebe nicht den Anspruch, hierfür eine Lösung zu wissen. Aber nach meiner Meinung gibt es eine sinnvolle Art, sich dem Problem zu nähern, welche auch unter didaktischen Gesichtspunkten bestens geeignet ist, die Natur des Problems begreiflich zu machen und jenem zunächst sehr obskuren Begriff einen Sinn zu geben. Dabei geht es nicht um eine religiöse Perspektive auf die Welt, sondern um den Versuch einer Antwort vom Standpunkt der rationalen Ethik aus, die man üblicherweise mit dem Begriff»moralisches Gewissen« bezeichnet. Kant äußerte, daß ihn neben dem Sternenhimmel die Tatsache des moralischen Ge-

wissens am meisten in Erstaunen versetzen würde. Aber das Staunen ist nicht nur keine Erklärung, sondern es kann seinen Ursprung sogar in einer Sinnestäuschung haben, und seinerseits wiederum die Quelle neuer Illusionen werden. Was wir, vor allem aufgrund des alles überragenden Einflusses der christlichen Erziehung für den europäischen Menschen, »moralisches Gewissen« nennen, muß man im Zusammenhang mit der Herausbildung und dem zunehmenden Bewußtsein von Elend, Armut und häufig auch Unglück sehen, in dem die Menschen auf der Erde leben, und mit dem Gefühl der Ablehnung für diese Zustände.

Wie bereits erwähnt, ist die Frage nach dem »Sinn« in der Geschichte der Menschheit nicht eindeutig zu beantworten. Gutes und Schlechtes sind in ihr vermischt und überlagern sich. Aber wer würde bestreiten, daß das Böse immer die Überhand über das Gute behalten hat, der Schmerz über die Freude, das Unglück über das Glück, der Tod über das Leben? Ich weiß um den Unterschied, etwas zu konstatieren oder es erklären oder rechtfertigen zu wollen, und zögere nicht zu sagen, daß die theologischen Erklärungen oder Rechtfertigungen mich nicht überzeugen. Die rationalistischen wiederum sind parteilich und stehen nicht selten in einem solchen Gegensatz zueinander, daß man die eine nicht anerkennen kann, ohne die andere explizit zu verwerfen (die Kriterien der Entscheidung jedoch sind labil, und jede kann gute Argumente anführen). Obwohl ich keine überzeugende Rechtfertigung oder Erklärung anzuführen vermag, bleibt die Feststellung, daß der dunkle Teil der Menschheitsgeschichte (und noch viel mehr der Naturgeschichte) bei weitem den hellen Teil überwiegt.

Von Zeit zu Zeit siegte das Licht über das Dunkel, wenngleich auch meist nur kurzzeitig. Heute scheint die Menschheit von tödlichen Gefahren umstellt, es gibt aber lichte Zonen, die auch der überzeugteste Pessimist nicht übersehen kann: die Abschaffung der Sklaverei, die Eindämmung der Folter, die früher in vielen Ländern mit der Todesstrafe einherging, sowie die Zurückdrängung der Todesstrafe überhaupt. In dieser Zone freundlicherer Aussichten sehe ich, zusammen mit den ökologischen und pazifistischen Bewegungen, das wachsende Interesse von Organisationen, Parteien und Regierungen an der Durchsetzung und dem Schutz der Menschenrechte an erster Stelle.

All diese Bemühungen um das Gute oder wenigstens um die Eindämmung und Überwindung des Bösen, die eine der Spezifika der menschlichen Gesellschaft im Unterschied zur tierischen sind, hängen mit dem Bewußtsein von Leid und Unglück zusammen, in dem Menschen zu leben gezwungen sind, und dem daraus erwachsenden Bedürfnis, dies zu ändern. Der Mensch hat immer versucht, das Bewußtsein vom Tod, der Angst auslöst, zu überwinden. Entweder wird der einzelne, das sterbliche Wesen, in die Gemeinschaft integriert, zu der es gehört, und diese selbst wird als unsterblich angesehen; oder man versucht, den Tod durch den religiösen Glauben an die Unsterblichkeit und die Wiedergeburt zu überwinden. Die Bemühungen des Menschen, die ihn umgebende Welt zu verändern und weniger feindlich zu gestalten, gehören in denselben Kontext wie die Techniken zur Herstellung von Werkzeugen, mit denen die materielle Welt verändert wird, und wie die Verhaltensregeln zur Veränderung der Beziehungen zwischen den Individuen mit dem Ziel eines friedlicheren Zusammenlebens und der Sicherung des Fortbestandes der Gruppe. All diese Werkzeuge und Verhaltensregeln bilden die »Kultur« im Gegensatz zur »Natur«.

Nach Hobbes' These vom *homo homini lupus* hat der Mensch in einer sowohl hinsichtlich der Natur als auch hinsichtlich seiner Artgenossen feindlichen Umwelt versucht, zu reagieren, indem er Überlebenstechniken in der feindlichen Natur und Verteidigungstechniken gegenüber den feindlichen Menschen ersann. Letztere bestehen aus einem System von Regeln, mit dessen Hilfe die aggressiven Triebe durch Strafen gezähmt werden sollen, während mit Hilfe von Belohnungen Anstöße zur Gemeinsamkeit und Solidarität gegeben werden.

Am Anfang sind die Regeln im wesentlichen negative oder positive Imperative: Sie zielen unter Androhung himmlischer oder irdischer Sanktionen darauf ab, ein gewünschtes Verhalten zu erreichen oder ein nicht erwünschtes Verhalten zu vermeiden. An dieser Stelle denkt man sofort an die *Zehn Gebote*, die über Jahrhunderte bis in die heutige Zeit den moralischen Kodex par excellence in der christlichen Welt bildeten, so daß man sie für ins Herz der Menschen eingeschriebene oder für Naturgesetze hielt. Zahllose weitere Beispiele könnte man hier anführen, wie den Kodex von Hammurabi oder die zwölf Gesetzestafeln. Die Welt der Moral als Mittel gegen das Böse, das der Mensch anderen Menschen zufügen kann, entsteht durch die Formulierung, Durchsetzung und Anwendung von Geboten und Verboten. Folglich stellen die Gebote und Verbote für ihre Adressaten Pflichten dar. Die ursprüngliche deontische Figur ist demnach die Pflicht, nicht das Recht.

In der Geschichte der Moral, verstanden als System von Verhaltensregeln, folgt ein Gesetzeskodex dem anderen. Ganz gleich, ob er nun den Gewohnheiten entsprang, oder ob er ein Vorschlag der Weisen war oder gar von Machthabern durchgesetzt wurde: Immer waren es Vorschriften, die Gebote und Verbote enthielten. Der Held in der klassischen Antike ist der Gesetzesstifter: Minos, Lykurg und Solon. »Wer sich daran wagt, ein Volk zu errichten [instituer], muß sich imstande fühlen, sozusagen die menschliche Natur zu verändern (...)«* Diese Bewunderung für den Gesetzgeber reicht bis hin zu Rousseau. Die großen Werke der Moraltheorie sind Abhandlungen über Gesetze, von Platons *Nomoi* über Ciceros *De legibus* bis hin zu Montesquieus *Esprit de lois.* Platons Werk beginnt mit den Worten: »Liebe Freunde, ist's ein Gott oder ein Mensch, den man als Begründer eurer Gesetzgebung annimmt?« Es ist die Frage des Atheners an Kleinias, und Kleinias erwidert: »Ein Gott, Freund, ein Gott.«** Und welche Eigenschaften spricht Cicero dem Naturrecht zu: »*vetare et jubere*«, verbieten und befehlen. Und kann für Montesquieu der Mensch, obwohl er ein gesellschaftliches Wesen ist, vergessen, daß auch andere existieren? »Zwar ist es [das Menschenwesen, Anm. d. Übers.] zum Leben in der Gesellschaft geschaffen, aber es konnte dabei die anderen vergessen; durch die Staats- und Zivil-Gesetze haben die Gesetzgeber es zu seinen Pflichten zurückgebracht.«*** Diese Zitate, deren Reihe man endlos verlängern könnte, zeigen, daß die vorrangige Aufgabe des Gesetzes darin besteht, zu begrenzen, nicht zu befreien, die Freiheitsräume zu beschränken, nicht sie auszuweiten, den

* J.-J. Rousseau, *Gesellschaftsvertrag,* Stuttgart 1977, 2. Buch, Kap. 7, S. 43
** Plato, *Sämtliche Werke,* Bd. III, Heidelberg 1982, S. 217
*** C. de Montesquieu, *Vom Geist der Gesetze,* Stuttgart 1965, S. 100

krummen Baum geradezurichten, nicht ihn wild wachsen zu lassen.

Mit einer gebräuchlichen Metapher kann man sagen, Rechte und Pflichten seien wie die zwei Seiten einer Medaille. Aber welche ist die Vorder-, welche die Rückseite? Dies hängt von der Sichtweise auf die Medaille ab. Die Medaille Moral wurde traditionell immer eher von der Seite der Pflichten als der der Rechte betrachtet.

Der Grund dafür ist leicht einzusehen. Das Problem der Moral wurde ursprünglich mehr von der Gesellschaft als vom Individuum her gesehen, was nicht verwundert: Den Codices von Verhaltensmaßregeln kam die Funktion zu, vor allem den Bestand der Gruppe zu sichern, nicht so sehr den des einzelnen Individuums. In seinem Ursprung ist das Gebot »Du sollst nicht töten« weniger eine Vorschrift zum Schutz des einzelnen als vielmehr ein Mittel, das einen der wesentlichsten Gründe für innere Zerwürfnisse der Gruppe ausschalten sollte. Der beste Beweis dafür ist die Tatsache, daß diese Vorschrift, die mit Recht als einer der Eckpfeiler der Moral angesehen wird, immer nur innerhalb einer Gemeinschaft gilt, nicht aber zwischen Gruppen.

Damit der Übergang vom Kodex der Pflichten zum Kodex der Rechte möglich wurde, mußte, um einen bildlichen Ausdruck zu verwenden, die Medaille umgedreht werden: Das Problem der Moral durfte nicht mehr nur von gesellschaftlicher Seite aus betrachtet werden, sondern auch von der des Individuums. Dafür bedurfte es einer regelrechten kopernikanischen Wende, nicht unbedingt der Art nach, aber doch zumindest in den Auswirkungen. Eine radikale Revolution kommt nicht notwendigerweise auch im Habitus einer Revolution daher. Sie kann sich ebensogut schrittweise vollziehen. Ich spreche hier von einer kopernikanischen Revolution im kantischen Sinne, von einer Umkehrung des Standpunktes.

Das Wesen dieser Wende macht die folgende Gegenüberstellung verständlich (die Wende ist zwar rein politischer Natur, aber Politik ist eben ein Kapitel der Moral im allgemeinen): Die politische Beziehung par excellence ist die Beziehung zwischen Regierenden und Regierten, zwischen den Inhabern der Macht, die mit ihren Entscheidungen die Mitglieder der Gruppe zur Einhaltung dieser Entscheidungen zwingen können, und denen, die sich diesen Entscheidungen gemäß verhalten müssen. Nun kann man diese Beziehung vom Standpunkt der Regierenden oder von dem der Regierten aus betrachten. Im Laufe der Geschichte des politischen Denkens hat über Jahrhunderte hinweg immer der erste Standpunkt die Oberhand gehabt, der der Regierenden. Gegenstand der politischen Theorie war die Regierung, die gute oder die schlechte, also: Wie kommt man an die Macht, und wie übt man sie aus? Welches sind die Aufgaben der Richter, welche Macht kommt der Regierung zu, und wie ist die Verteilung der Kräfte und das Wechselspiel zwischen ihnen? Wie werden Gesetze gemacht, und wie wird ihre Einhaltung durchgesetzt? Wie werden Kriege erklärt, und wie wird Frieden geschlossen, wie werden die Minister und die Botschafter ernannt? Man denke nur an die großen Metaphern, mittels derer man in den vergangenen Jahrhunderten verständlich zu machen suchte, worin die Kunst der Politik besteht: der gute Hirte, der Steuermann, der Wagenlenker, der Wirker, der Arzt. Sie alle bezogen sich auf typische Aktivitäten des Regierenden: Die Führung der ihm anvertrauten Individuen kommt nicht ohne Befehle aus. Das zersplitterte Universum bedarf einer starken Hand, um zu einer stabilen Ordnung zu finden. Die Sorge muß manchmal auch sehr entschieden sein, um dem erkrankten Körper wirksam helfen zu können.

Das einzelne Individuum ist im Kern ein Objekt der Politik, allerhöchstens aber ein passives Subjekt. In den Traktaten der politischen Theorie ist weniger von seinen Rechten als von seinen Pflichten die Rede, deren oberste die Pflicht zum Gehorsam gegenüber den Gesetzen ist. Dem Thema der Befehlsgewalt auf der einen Seite entspricht auf der anderen Seite der politischen Beziehung das Thema der politischen Pflicht, nämlich die für den Bürger als vorrangig erachtete Pflicht, die Gesetze zu respektieren. Wenn es ein aktives Subjekt gibt, das man in dieser Beziehung zu erkennen vermeint, dann ist es kein einzelnes Individuum mit originären Rechten, die auch gegen die Macht der Regierenden geltend gemacht werden könnten, sondern das Volk als Ganzes, worin das einzelne Individuum als ein Subjekt mit Rechten verschwindet.

4. Die große Wende begann im Abendland mit der christlichen Lebenseinstellung, nach der alle Menschen als Kinder Gottes Geschwister sind. In Wahrheit aber besitzt die Brüderlichkeit keinen moralischen Wert an sich. So beginnt die biblische Geschichte ebenso wie die uns näher stehende weltliche Geschichte mit einem Brudermord, über dessen Sinn sich die Interpreten seit je den Kopf zerbrochen haben. Die philosophische Doktrin, die das Individuum, und nicht mehr die Gesellschaft, zum Ausgangspunkt ihrer Moral- und Rechtslehre macht, ist das naturrechtliche Denken. Diese Philosophie kann unter vielen Gesichtspunkten als säkularisierte Form der christlichen

Ethik angesehen werden (»*etsi daremus non esse deum*«) – und so war auch die Intention ihrer Schöpfer. Für Lukrez lebten die Menschen im Naturzustand »*more ferarum*«, für Cicero »*in agris bestiarum vagabantur*«, und selbst für Hobbes waren die Menschen noch des Menschen Wolf. Konträr zu diesem Denken stehen die Auffassungen Lockes; er ist die wichtigste Quelle für die ersten Gesetzgeber, die sich an Menschenrechten orientierten. Das Kapitel über den Naturzustand beginnt er mit diesen Worten: »Um politische Gewalt richtig zu verstehen und sie von ihrem Ursprung abzuleiten, müssen wir erwägen, in welchem Zustand sich die Menschen von Natur aus befinden. Es ist ein Zustand *vollkommener Freiheit*, innerhalb der Grenzen des Gesetzes der Natur ihre Handlungen zu regeln und über ihren Besitz und ihre Persönlichkeit so zu verfügen, wie es ihnen am besten scheint, ohne dabei jemanden um Erlaubnis zu bitten oder vom Willen eines anderen abhängig zu sein.«* Am Anfang gab es also nach Locke nicht das Leid, das Elend und den Fluch des, wie Vico es formuliert hätte, tierischen Staates, sondern einen Staat der Freiheit, begrenzt nur durch die Gesetze.

Wenn man von Locke ausgeht, versteht man sehr gut, daß die naturrechtliche Doktrin eine individualistische Konzeption der Gesellschaft und folglich auch des Staates voraussetzt, die ständig kontrastiert wird durch die sehr viel gefestigtere und ältere organizistische Auffassung, nach der das Ganze höher steht als die einzelnen Teile.

Die individualistische Auffassung hat sich nur sehr allmählich durchsetzen können, denn sie wurde meist als Quell von Unordnung, Zwietracht und Bruch mit der bestehenden Ord-

---

* J. Locke, *Zwei Abhandlungen über die Regierung*, Frankfurt/Main 1977, S. 201

nung angesehen. Bei Hobbes fällt der Widerspruch zwischen dem individualistischen Ansatzpunkt (im Naturzustand gibt es nur Individuen ohne Beziehungen zueinander, jeder für sich ist in seiner eigenen Sphäre eingeschlossen und im Konflikt mit den Interessen aller anderen) und der hartnäckig beibehaltenen Vorstellung vom Staat als einem einheitlichen großen Körper, einem »künstlichen Menschen«, in dem der Souverän die Seele, die Richter die Gelenke, die Strafen und Belohnungen die Nerven sind usw. Die organizistische Konzeption ist so hartnäckig, daß noch an der Schwelle zur Französischen Revolution Edmund Burke schreibt: »Die Individuen sind wie Schatten, aber der Staat ist fest und unerschütterlich.«* Und nach der Revolution, in der Zeit der Restauration, klagt Lamennais den Individualismus an, »die wahrhafte Idee des Gehorsams und der Pflicht und damit auch die Macht und das Recht zu zerstören«. Anschließend fragt er sich: »Und was bleibt also übrig, wenn nicht eine erschreckende Konfusion von Interessen, Leidenschaften und gegensätzlichen Ansichten?«**

Individualistische Konzeption heißt, daß an erster Stelle das Individuum steht, und zwar das einzelne Individuum, das für sich genommen einen Wert darstellt: Erst dann kommt der Staat, nicht umgekehrt. Dies bedeutet, daß der Staat für das Individuum gemacht ist, und nicht das Individuum für den Staat. Im berühmten Artikel 2 der Erklärung von 1789 heißt es sogar, daß die Bewahrung der natürlichen und ewigen Rechte des

---

* E. Burke, *Speech on the Economic Reform* (1780), in: *Works*, Bd. II, London 1906, S. 357
** F. R. Lamennais, *Des progrès de la révolution et de la guerre contre l'église* (1829), in: Œuvres complètes, Bd. 9, Paris 1836–37, S. 17 f. Diese Zitate habe ich S. Lukes *Individualism*, Oxford 1985, 4. Aufl., S. 3 u. 7 entnommen.

Menschen das Ziel jeder politischen Assoziation sei. In dieser Perspektive der Beziehung zwischen Individuum und Staat wird auch die traditionelle Beziehung zwischen Recht und Pflicht auf den Kopf gestellt. Für die Individuen kommen von nun an die Rechte an erster Stelle und erst dann die Pflichten, für den Staat hingegen zuerst die Pflichten und dann die Rechte. Dieselbe Umkehrung vollzieht sich auch im Hinblick auf das Staatsziel, das für den Organizismus in der *concordia* ciceronischer Prägung bestand (der *omonoia* bei den Griechen), also im Kampf gegen die Fraktionierungen, die den politischen Körper verletzen und am Ende töten; für den Individualismus besteht es in möglichst weitgehender und von äußerer Beeinflussung möglichst freier Entfaltung des Individuums. Parallel dazu stehen die Veränderungen in der Justiz: Aus organizistischer Sicht ist die treffendste Definition des Begriffs *gerecht* diejenige Platons, nach der jeder Teil des Gesellschaftskörpers die ihm darin zukommende Aufgabe am besten zu erfüllen hat. Aus individualistischer Sicht gilt eine Behandlung des Menschen als gerecht, in der er seine Bedürfnisse befriedigen und seine Ziele erreichen kann. Vorrangiges Ziel ist das Glück, das individualistische Ziel par excellence.

Heute herrscht in den Sozialwissenschaften eine Tendenz vor, die man *methodologischen* Individualismus nennt. Ihr zufolge muß die Untersuchung der Gesellschaft von den Aktionen der Individuen ausgehen. An dieser Stelle soll nicht diskutiert werden, worin die Grenzen einer solchen Auffassung bestehen, aber es gibt auf jeden Fall zwei weitere Spielarten des Individualismus, ohne die die Perspektive der Menschenrechte unverständlich bliebe: den *ontologischen* Individualismus, der von der

These der Autonomie eines jeden Individuums und seiner prinzipiellen Gleichwertigkeit gegenüber allen anderen ausgeht, und den ich nicht anders als metaphysisch oder theologisch zu bezeichnen vermag, und den *ethischen* Individualismus, nach dem jedes Individuum eine moralische Persönlichkeit ist. Der Individualismus bildet die philosophische Basis der Demokratie: *one man, one vote.* Als solcher stand und steht er immer im Gegensatz zu holistischen Theorien von Geschichte und Gesellschaft, denen die Verachtung für die Demokratie als Herrschaftsform gemein ist, und in der alle die Freiheit haben, ihre Angelegenheiten selber zu entscheiden – verbunden mit der Macht, dies durchzusetzen. Freiheit und Macht, die aus der Anerkennung einiger fundamentaler, unveräußerlicher und unverletzlicher Rechte herrühren, genau das sind die Menschenrechte.

Man kann mir entgegenhalten, die Anerkennung der Individuen als Rechtssubjekte habe nicht die Merkmale einer kopernikanischen Revolution der Naturrechtler. Das Primat des Rechts *(ius)* über die Pflicht ist ein Charakteristikum des römischen Rechts, so wie es in der klassischen Antike von den Juristen ausgearbeitet wurde. Aber es handelt sich, wie jeder selbst sehen kann, um Rechte, die dem Individuum als ökonomischem Subjekt zustehen, als Inhaber von Rechten über Dinge und als Träger der Fähigkeit, mit anderen Wirtschaftssubjekten, die dieselben Fähigkeiten besitzen, in Tauschbeziehungen zu treten. Die Wende, von der ich sprach, und die die Grundlage für die Anerkennung der Menschenrechte bildet, vollzieht sich, wenn sich diese Rechtsbeziehungen von den Beziehungen zwischen Personen im Feld der Wirtschaft auf die Machtbeziehungen zwischen Fürst und Untertanen auszudehnen beginnen und die sogenannten subjektiven öffentlichen Rechte entstehen, die charakteristisch für den Rechtsstaat sind. Mit der Geburt des Rechtsstaates vollzieht sich definitiv der Übergang vom Standpunkt des Fürsten zu dem der Bürger. Im despotischen Staat haben die einzelnen Individuen nur Pflichten und keine Rechte. Im absoluten Staat beanspruchen die Individuen gegenüber dem Souverän private Rechte. Im Rechtsstaat hat das Individuum dem Staat gegenüber nicht nur private, sondern auch öffentliche Rechte. Der Rechtsstaat ist der Bürgerstaat.

5. Von ihrem ersten Auftauchen in der politischen Theorie des 17. und 18. Jahrhunderts an haben die Menschenrechte einen langen Weg voller Kontraste, Widersprüche und Beschränkungen zurückgelegt. Auch wenn das ferne Ziel einer gerechten Gesellschaft von freien und gleichen Individuen, das den hypothetischen Naturzustand Wirklichkeit werden lassen soll, vielleicht gerade deshalb nicht realisiert wurde, weil es hypothetisch ist, so sind doch andererseits einige Etappen erfolgreich abgeschlossen worden, hinter die man nur schwerlich wieder zurückfallen kann.

Über die Eingliederung der Menschenrechte ins positive Recht, die Verallgemeinerung und die Internationalisierung, von denen bereits eingangs die Rede war, hinaus, ist in diesen letzten Jahren auch eine Tendenz sichtbar geworden, die man *Spezifizierung* nennen kann. Sie besteht im schrittweisen, aber zunehmend klarer akzentuierten Übergang zu einer präziseren Bestimmung der Träger dieser Rechte. Hinsichtlich der Individuen hat sich dasselbe ereignet wie in den Anfängen mit der abstrakten Idee der Freiheit, die sich in einem ununterbrochenen und bis heute weitergehenden Prozeß in lauter spezifische Freiheiten konkretisierte (die Gewissensfreiheit, die Meinungsfreiheit, die Pressefreiheit, die Versammlungs- und die Vereinigungsfreiheit). Für die neuesten Entwicklungen in diesem Prozeß der Spezifizierung verweise ich auf den Schutz der Persönlichkeit gegenüber den Massenmedien oder auf den Schutz der Privatsphäre vor den enorm angewachsenen Möglichkeiten des Staates, private Daten über jeden einzelnen zu archivieren. Es hat sich gegenüber dem abstrakten Subjekt Mensch, das bereits als »Bürger« in gewisser Weise spezifiziert worden ist (in dem Sinne, daß dem Bürger weitergehende Rechte zugestanden werden konnten als dem Menschen schlechthin), die Notwendigkeit gezeigt, eine weitergehende Antwort auf die Fragen zu finden: Welcher Mensch? Welcher Bürger?

Die Spezifizierung vollzog sich sowohl hinsichtlich der Art als auch der verschiedenen Phasen des Lebens, wie auch unter Berücksichtigung der Differenz zwischen Normal- und Ausnahmezustand der menschlichen Existenz. Hinsichtlich der verschiedenen Lebensabschnitte unterschied man nach und nach die Rechte der Kinder und die der Älteren von den allgemeinen Rechten des Menschen. Beim Normal- und Ausnahmezustand hat sich die Notwendigkeit durchgesetzt, den Kranken und den physisch oder geistig Behinderten Sonderrechte einzuräumen.

Man braucht nur die Dokumente anzuschauen, die von den internationalen Organisationen verabschiedet wurden, um sich von dieser Tendenz einen Eindruck zu verschaffen. Ich beziehe mich beispielsweise auf die Erklärung der Rechte des Kindes (1959), die Erklärung zur Abschaffung der Diskriminierung der Frauen (1967) oder die Erklärung der Rechte der geistig Behinderten (1971). Zum Thema ältere Menschen hat es seit der Generalversammlung in Wien am 6. August 1982, die das Thema neuer internationaler Programme zum Schutz der wirtschaftlichen und sozialen Sicherheit der wachsenden Zahl alter Menschen auf die Tagesordnung setzte, eine ganze Reihe internationaler Erklärungen und Dokumente gegeben.

Schaut man etwas über unsere unmittelbare Gegenwart hinaus, so zeichnet sich die Erweiterung der Lebensrechte künftiger Generationen sowie die Einführung der Rechte neuer Subjekte, wie der Tiere, ab, die die Gemeinschaft bisher immer nur als Objekte oder im positivsten Fall als passive Subjekte ohne Rechte ansah. Wohlgemerkt, diese neuen Rechte gehören zu dem, was ich zuvor die prophetische Geschichte der Menschheit nannte. Die Geschichte der Historiker hingegen, die ihre Vorausschau in die Zukunft nur auf schlichte Schlußfolgerungen stützen kann und sich strikt weigert, irgendwelche Prophezeiungen abzugeben, will diese kommenden Rechte nicht sehen.

Verläßt man die Ebene der Ideale und kommt zur Wirklichkeit, dann macht es einen Unterschied, ob man von Menschenrechten spricht, von immer neuen und ausgeweiteten Rechten, und sie mit überzeugenden Argumenten zu stützen versucht, oder ob man ihnen einen effektiven Schutz zukommen läßt. An diesem Punkt ist eine weitere Anmerkung hilfreich. Je größer die Ansprüche werden, um so schwieriger wird es auch, sie zu befriedigen. Die sozialen Rechte sind, das ist bekannt, sehr viel schwerer zu schützen als die Freiheitsrechte. Wir alle wissen, daß der internationale Schutz schwieriger ist als der Schutz im Innern eines Staates, speziell wenn es sich dabei um einen Rechtsstaat handelt. Man könnte die Beispiele für den Gegensatz zwischen feierlichen Erklärungen und der Umsetzung, zwischen grandiosen Versprechungen und dem Elend der praktischen Anwendung beliebig fortsetzen. Da ich das Ausmaß, das die Debatte um die Menschenrechte heute angenommen hat, als Zeichen für den moralischen Fortschritt der Menschheit interpretiere, ist es nicht unangebracht, wenn ich an dieser Stelle wiederhole, daß sich dieser moralische Fortschritt nicht an Worten, sondern an Taten bemißt. Der Weg in die Hölle ist gepflastert mit guten Vorsätzen.

Ich komme zum Schluß. Zu Beginn führte ich aus, daß den Standpunkt der Geschichtsphilosophie einzunehmen bedeutet, die Frage nach dem Sinn der Geschichte zu stellen. Aber hat die Geschichte einen Sinn an sich, und damit meine ich die Geschichte als jene Kette von Ereignissen, die von den Historikern erzählt werden? Die Geschichte kann nur den Sinn haben, den wir ihr von Mal zu Mal, je nach Situation, nach unseren Wünschen und Hoffnungen, zuschreiben. Folglich hat sie nicht nur einen Sinn. Beim Nachdenken über die Menschenrechte ist es mir so vorgekommen, als könnte ich hier ein Zeichen für den moralischen Fortschritt der Menschheit ausmachen. Aber ist es das einzige Zeichen? Wenn ich über andere Aspekte unserer Zeit nachdenke, zum Beispiel über den schwindelerregenden Wettlauf um neue Waffensysteme, die die ganze Welt in Gefahr bringen, dann müßte ich eine ganz andere Antwort geben. Ich begann mit Kant und will mit Kant schließen. Der Fortschritt der Menschheit war für Kant nicht zwangsnotwendig. Er war nur möglich. Kant tadelte die »Politiker«, sie hätten kein Vertrauen in die Tugend und die Kraft der moralischen Antriebe und würden statt dessen immer dieselbe Leier anstimmen, daß die Dinge schon immer so gegangen seien, wie sie gerade gehen.

Mit dieser Einstellung, so merkte er an, trügen sie dazu bei, ihre Vorhersagen, nämlich daß sich niemals etwas ändere in der Geschichte und alles schon einmal dagewesen sei, Wahrheit werden zu lassen. So verzögerten sie künstlich, was zum Fortschritt in Richtung des Besseren beitragen könnte.

Im Verhältnis zu den großen Zielen der Menschen guten Willens sind wir bereits weit im Rückstand. Vergrößern wir ihn nicht noch mehr durch unser Mißtrauen, unsere Trägheit und unseren Skeptizismus. Viel Zeit haben wir nicht mehr zu verlieren.

[1987]

Menschenrechte und Gesellschaft

Bei einer Grundsatzdiskussion um die Menschenrechte muß man zuallererst Theorie und Praxis deutlich unterscheiden, oder besser, man muß sich von Anfang an darüber klar werden, daß Theorie und Praxis auf zwei verschiedenen Bahnen und mit deutlich unterschiedlicher Geschwindigkeit verlaufen. Ich will damit sagen, daß man in diesen Jahren unter Gelehrten, Philosophen, Juristen, Soziologen und Politikern sehr viel mehr über Menschenrechte spricht, als man bisher für ihre praktische Anerkennung und ihren Schutz tun konnte, d.h. die hehren, aber vagen, gerechten, aber schwachen Forderungen in Rechte im eigentlichen Sinn des Wortes zu verwandeln (in dem Sinn, in dem Juristen von Rechten sprechen).

Wenn man sich dieser Unterscheidung immer bewußt bleibt und die beiden Ebenen nicht durcheinanderwirft, kann man ganz generell die These wagen, daß die Entwicklung der Theorie und der Praxis (die Theorie mehr als die Praxis) der Menschenrechte seit dem Ende des Krieges im Kern in zwei Richtungen gegangen ist: in Richtung auf eine Universalisierung und in Richtung einer Vervielfachung.

Hier will ich mich nicht mit der Universalisierung befassen, da sie mir für die Rechtssoziologie nicht in erster Linie relevant erscheint. Zudem ist das Thema in den Abhandlungen über das internationale Recht weitgehend berücksichtigt worden. Zu Recht wird in der Internationalisierung der Menschenrechte der Ausgangspunkt für eine tiefgreifende Umformung der Völker-»rechte« gesehen, wie man sie über Jahrhunderte nannte, hin zu einem Recht auch der »Individuen«, der einzelnen Menschen, die wenigstens potentiell das Recht erhalten, gegen den eigenen Staat zu klagen und sich so von Bürgern eines einzelnen Staates zu Weltbürgern zu verwandeln.

Ich befasse mich hier vor allem mit dem zweiten Aspekt, der Vervielfachung der Menschenrechte. Dies ist ein geeigneter Ausgangspunkt für einige Reflexionen über die Beziehungen zwischen Menschenrechten und der Gesellschaft, über den sozialen Ursprung der Menschenrechte und die enge Verbindung zwischen sozialem Wandel und dem Entstehen von neuen Rechten. Das sind Themen, die, so scheint mir, vor allem die Rechtssoziologen interessieren, deren spezifisches Interesse in der Reflexion des Rechts als soziales Phänomen besteht.

Auch die Menschenrechte sind zweifelsfrei ein soziales Phänomen, und unter den vielen Gesichtspunkten, aus denen sie betrachtet werden können, philosophischen, juristischen, wirtschaftlichen usw., gibt es auch den soziologischen, und zwar den rechtssoziologischen.

Die Vervielfachung vollzieht sich auf drei verschiedene Arten: a) die Zahl der für schutzwürdig gehaltenen Rechtsgüter ist größer geworden; b) die Rechtsansprüche auf einige typische Menschenrechte unterschiedlicher Thematik haben sich ausgeweitet; c) der Mensch wird nicht mehr nur als abstraktes Gattungswesen betrachtet, sondern in der Besonderheit seiner konkreten Lebensumstände in der Gesellschaft, als Kind, als alter oder kranker Mensch. Im Kern verhält es sich so: Die Zahl der Rechtsgüter ist gestiegen, die der Subjekte, die der einzigartigen Individuen. Es muß nicht eigens darauf hingewiesen werden, daß diese drei Prozesse ineinandergreifen. Die Anerkennung neuer Rechte *von* jemand bringt fast immer auch neue Rechte *auf* etwas mit sich. Noch überflüssiger ist die Anmerkung, die aber mit unserem Zusammenhang hier zu tun hat, daß alle drei Gründe für die immer schnellere Vervielfachung der Menschenrechte unmittelbar einsichtig machen, wie man sich immer auf einen bestimmten Kontext beziehen muß.

Hinsichtlich des ersten Prozesses hat sich der Übergang von den Freiheitsrechten, den sogenannten negativen Freiheiten (der Religion, der Meinung, der Presse usw.) zu den politischen und sozialen Rechten vollzogen, die einen direkten Eingriff des Staates erfordern. Beim zweiten Prozeß hat sich der Übergang von der Auffassung des Menschen *uti singulus*, als erstem Subjekt, dem natürliche (oder moralische) Rechte zugebilligt wurden (mit einem Wort: Rechte der »Person«), zu anderen Subjekten als den Individuen vollzogen. Dies bezieht sich auf die Familie, die ethnischen oder die religiösen Minderheiten und, über die einzelnen menschlichen Individuen ebenso wie die Mitglieder ihrer verschiedenen idealen oder realen Gemeinschaften hinaus, auch auf nichtmenschliche Subjekte wie die Tiere. In den Ökobewegungen bildet sich fast so etwas wie ein Recht der Natur auf Respekt und Nichtausbeutung heraus, wobei die Begriffe »Respekt« und »Ausbeutung« exakt dieselben sind, die traditionell bei der Definition und Begründung der Menschenrechte verwendet wurden.

Beim dritten Prozeß hat sich ein Übergang vom Menschen im allgemeinen, das heißt vom Menschen als Mensch schlechthin, zum Menschen in seiner Spezifität, in seinem je spezifischen und immer verschiedenen sozialen *status* vollzogen. Dies geschah aufgrund vielfältiger Unterscheidungskriterien wie z. B. dem Geschlecht, dem Alter oder den physischen Umständen, die eine Gleichbehandlung und einen gleichen Schutz unmöglich machen. Die Frau ist anders als der Mann, das Kind anders als der Erwachsene, der Erwachsene anders als der Greis, der Gesunde anders als der Kranke, der zeitweilig Kranke anders als der chronisch Kranke, der Geisteskranke anders als andere Kranke, der physisch Gesunde anders als der Behinderte usw. usf. Man muß nur einen Blick auf die Abfolge von Erklärungen der verschiedenen Rechte aus den letzten vierzig Jahren auf internationaler Ebene werfen, um sich einen Eindruck von der Vielfalt der Kriterien zu verschaffen: 1952 die Konvention über die politischen Rechte der Frau, 1959 die Erklärung der Rechte des Kindes, 1971 die Erklärung der Rechte der geistig Behinderten, 1975 die Erklärung der Rechte der Behinderten, 1982 der erste Weltkongreß (in Wien) über die Rechte der Alten, der einen Aktionsplan vorschlug, der in einer Sitzung der Generalversammlung der UNO vom 3. Dezember desselben Jahres gebilligt wurde.

Dieser Prozeß der Vervielfältigung durch Spezifizierung vollzog sich im wesentlichen im Bereich der Sozialrechte. Die negativen Freiheitsrechte, die ersten anerkannten und geschützten Menschenrechte, galten nur für den abstrakten Menschen. Es ist kein Zufall, daß sie bei ihrem Erscheinen als Menschenrechte bezeichnet wurden. Nachdem die Religionsfreiheit einmal durchgesetzt war, hat sie sich nach und nach ausgeweitet, auch wenn sie anfänglich bestimmten Konfessionen sowie den Atheisten nicht zugestanden wurde. Aber es handelte sich dabei um erklärungsbedürftige Ausnahmen. Dasselbe gilt für die Meinungsfreiheit. Die Freiheitsrechte entwickeln sich Schritt für Schritt parallel zum Prinzip der Gleichbehandlung. Ihnen gegenüber hat der Grundsatz von der Gleichheit aller Menschen Gültigkeit. In Lockes Naturzustand, und Locke war der große Ideengeber für die Menschenrechtserklärungen, sind alle Menschen gleich, wobei mit »Gleichheit« gemeint ist, daß sie gleichermaßen die Freiheit genießen, und daß kein Individuum mehr Freiheit als die anderen haben kann. Dieser Typus von Gleichheit ist es, der im Artikel 1 der Allgemeinen Menschenrechtserklärung ausgesprochen wird, wenn es heißt, alle Menschen seien von Geburt gleich. Der Sinn dieses Satzes liegt darin, daß alle Menschen frei und gleich geboren werden, und zwar im doppelten Sinne: Die Menschen haben ein gleiches Recht auf Freiheit und ein Recht auf gleiche Freiheit. Dies sind Variationen desselben Prinzips, demzufolge es keine Diskriminierung geben darf, die auf spezifischen Unterschieden zwischen den Menschen oder Gruppen von Menschen gründet. In diesem Sinne heißt es in Artikel 3 der italienischen Verfassung nach dem Abschnitt über die gleiche soziale Würde aller Menschen, daß sie gleich sind »vor dem Gesetz ohne Ansehen des Geschlechts, der Rasse, der Sprache, der Religion, der politischen Überzeugungen und der persönlichen und sozialen Lebensumstände«. In Artikel 2, Absatz 1 der Allgemeinen Erklärung der Menschenrechte kommt dasselbe Prinzip noch deutlicher zum Ausdruck. Dort wird gesagt, daß »jedem Individuum dieselben Rechte und sämtliche in dieser Erklärung aufgeführten Rechte ohne Unterschied und Ansehen der Hautfarbe, des Geschlechts, der Sprache, der Religion, der politischen Meinung oder anderer nationaler oder sozialer Gründe, des Besitzstandes, der Geburt oder anderer Umstände zukommen«. Diese unterschiedslose und universelle Geltung der Freiheitsrechte trifft nicht für die sozialen Rechte und auch nicht für die politischen Rechte zu. Ihnen gegenüber sind die Menschen zwar im allgemeinen gleich, im besonderen aber eben nicht. Für die politischen und sozialen Rechte gibt es Unterschiede von Individuum zu Individuum, oder besser von Personengruppe zu Personengruppe, und bis heute kommt diesen Unterschieden eine das Wesen der Rechte betreffende Bedeutung zu. Jahrhundertelang hatten nur die Männer das Stimmrecht, und auch nicht alle. Heutzutage haben die Minderjährigen noch immer kein Stimmrecht, und es gibt auch keinen vernünftigen Grund, anzunehmen, daß sie es in der nächsten Zukunft erhalten werden. Damit will ich sagen, daß man bei der Forderung und Anerkennung von politischen Rechten unterscheiden muß und nicht alles nach dem gleichen Maß beurteilen kann. Dasselbe gilt um so mehr für die sozialen Rechte. Nur ganz abstrakt und rhetorisch kann man behaupten, hinsichtlich der drei grundlegenden sozialen Rechte, dem Recht auf Arbeit, auf Ausbildung und auf Gesundheit, seien alle Menschen gleich. Für die negativen Freiheitsrechte hingegen ist diese Ausgangshypothese durchaus realistisch. Man kann auch nicht sagen, warum bei den sozialen Rechten nicht die spezifischen Bedingungen berücksichtigt werden sollten, die für die Unterscheidung zwischen den Individuen respektive den Personengruppen von Bedeutung sind. Wenn es in Artikel 3 der gerade eben zitierten Verfassung heißt, daß alle Bürger ohne Ansehen von Stand und Person gleich sind, dann trifft dies nicht für die sozialen Rechte zu, da die persönlichen und sozialen Lebensumstände für die Zuerkennung dieser Rechte wichtig sind. In der Arbeitswelt sind die Unterschiede von Alter und Geschlecht von Bedeutung, in der Ausbildung ist der Unterschied zwischen Kindern, die normal entwickelt sind, und solchen, die es nicht sind, erheblich. Dasselbe gilt bei der Gesundheit für den Unterschied zwischen Erwachsenen und alten Menschen.

Ich will diese Argumentation nicht überdehnen, sondern nur darauf hinweisen, daß Gleichheit und Differenz unterschiedliche Bedeutungen haben, je nachdem, ob es um Freiheitsrechte oder um soziale Rechte geht. Darin liegt unter anderem der Grund für die Vervielfachung der Rechte im Bereich der sozialen Rechte – und nicht so sehr bei den Freiheitsrechten –, von der eingangs die Rede war. Durch die Anerkennung der sozialen Rechte haben neben dem abstrakten Menschen, dem Bürger ohne besondere Spezifik, andere, den Erklärungen der Freiheitsrechte bisher unbekannte Figuren die Bühne als Subjekte von Rechten betreten: die Frau und das Kind, der alte und sehr alte Mensch, der Kranke, der geistig Behinderte usw.

Nahezu überflüssig scheint die Ergänzung, daß die Anerkennung der sozialen Rechte nicht nur das Problem der Ausweitung der Menschenrechte mit sich bringt, sondern auch sehr viel schwieriger zu lösende Fragen als die eingangs angesprochenen. Der Schutz der sozialen Rechte erfordert, anders als bei den Freiheitsrechten, ein aktives Eingreifen des Staates, und brachte letzten Endes jene Struktur öffentlicher Dienstleistungen hervor, aus denen schließlich eine neue Staatsform, eben der Sozialstaat, entstand. Während die Freiheitsrechte gegen die Übermacht des Staates entstanden, um dessen Befugnisse zu begrenzen, verlangen die sozialen Rechte zu ihrer praktischen Umsetzung, wenn sie also nicht nur rein verbale Erklärungen bleiben, sondern tatsächlich geschützt werden sollen, ganz im Gegenteil eine Ausweitung der staatlichen Eingriffsmöglichkeiten. Auch die »Macht« hat wie alle anderen Begriffe der Politik, angefangen bei der »Freiheit«, je nach Kontext eine positive oder negative Konnotation. Die Ausübung der Macht kann je nach den historischen Zusammenhängen und den unterschiedlichen Standpunkten, von denen aus diese Zusammenhänge gesehen werden, etwas Positives oder etwas Negatives bedeuten. Es ist nicht gesagt, daß die Zunahme der Freiheit immer etwas Gutes und die Zunahme an Macht immer etwas Schlechtes ist.

Bis hierher habe ich das Phänomen der Ausweitung und Verbreiterung der Menschenrechte als charakteristisches Merkmal der gegenwärtigen Phase in der Entwicklung von Theorie und Praxis dieser Rechte betont. Ich glaube, daß es keinen besseren Beweis für den Zusammenhang zwischen Veränderungen in Theorie und Praxis der Menschenrechte und den sozialen Verhältnissen gibt. Folglich erhellt dieses Phänomen den interessantesten und fruchtbarsten Aspekt, von dem aus die Rechtssoziologen das Thema der Menschenrechte studieren können.

Zunächst soll zwischen den beiden wesentlichen Aufgaben der Rechtssoziologie, wie sie von Renato Treves eingeführt wurden, unterschieden werden: erstens die Untersuchung der Funktionsweisen des Rechts und der Menschenrechte in ihrer kompletten Bandbreite und Ausdifferenzierung im sozialen Wandel. Das könnte man mit einer griffigen Formulierung als »Recht in der Gesellschaft« bezeichnen. Zweitens die Analyse des größeren oder kleineren Umfangs, in dem die juristischen Normen in einer gegebenen Gesellschaft anerkannt werden, wozu auch gehört, in welchem Umfang die Menschenrechtsnormen in den einzelnen Staaten wie auch in der internationalen Gemeinschaft als Ganzer Anwendung finden. Das ist eine Aufgabe, die man mit der Formel »Gesellschaft im Recht« zusammenfassen könnte. Beides sind ganz spezielle Aufgaben in eben jener Sphäre jeder juristischen Ordnung, die die Anerkennung und den Schutz der Menschenrechte betrifft.

Man kann also zweifellos von einer spezifischen Aufgabe der Rechtssoziologie gegenüber den Menschenrechten sprechen. Sie unterscheidet die Rechtssoziologie von der Rechtsphilosophie, der allgemeinen Rechtslehre und der juristischen Wissenschaft, was in der Entstehung und Ausdehnung der Menschenrechte in engem Zusammenhang mit dem Wandel der Gesellschaft begründet liegt und in der Wechselbeziehung zwischen der Vermehrung der Rechte und der sozialen Entwicklung zur Genüge bewiesen wird. Daher sind die Soziologie im allgemeinen und die Rechtssoziologie im besonderen bestens geeignet, einen spezifischen Beitrag zur Vertiefung der Problematik zu liefern.

Die Doktrin der Menschenrechte ging aus der Naturrechtsphilosophie hervor, die zur Begründung von Rechten, die dem Menschen als solchem unabhängig vom Staat zukommen, einen Naturzustand hypostasierte, in dem es nur wenige und nur ganz grundlegende Menschenrechte gibt: das Recht auf Leben und

Überleben, worin auch das Eigentumsrecht eingeschlossen ist, und das Recht auf Freiheit, das einige, im wesentlichen negative Freiheiten umfaßt. Den Höhepunkt der ersten Phase in der Entwicklung der Menschenrechte bildeten die ersten Menschenrechtsdeklarationen, die nicht mehr von Philosophen und demzufolge *sine imperio* formuliert wurden. Nach Kant, dessen Theorie den Abschluß dieser Phase bildet, hat der Mensch im Naturzustand ein einziges Recht, nämlich das Recht auf Freiheit. Dabei wird die Freiheit als »Unabhängigkeit« von jedwedem Zwang durch den Willen eines anderen verstanden, denn darin sind alle anderen Rechte, auch das Recht auf Gleichheit, inbegriffen.

Die Hypothese eines Naturzustandes vor dem Staat, und bei einigen Autoren sogar vor der Gesellschaft, war der Versuch einer rationalen Rechtfertigung, einer Rationalisierung, zunächst der sich immer weiter ausdehnenden Forderungen nach Gewissensfreiheit gegen jeden Zwang zu einem bestimmten Glauben während der Religionskriege (ein Zwang, der oft nicht nur mit geistlichen, sondern auch mit ganz weltlichen Sanktionen durchgesetzt wurde) und dann auch der Forderungen nach bürgerlichen Freiheiten gegen jede Form des Despotismus, die im Zeitraum von der englischen bis zur amerikanischen und französischen Revolution aufkamen. Der Naturzustand war ein rein theoretisches Denkmodell, dessen Zweck einzig darin bestand, die Forderungen derjenigen nach Freiheiten zu rechtfertigen, die gegen den Dogmatismus der Kirchen und die autoritären Staaten ankämpften. Auf diese Weise wurden diese Rechte als in der Natur des Menschen liegend angesehen, und als solche durften sie auch nicht von den politischen Machthabern verletzt und nicht einmal von den Inhabern dieser Rechte selbst aufgegeben werden. Wie lange die Zeit auch währte, in der sie verletzt oder unterdrückt wurden, so waren sie doch niemals verjährt. Die Wirklichkeit, in der die Forderungen nach diesen Rechten aufkam, war noch gekennzeichnet durch die Kämpfe und Bewegungen, die zum Entstehen dieser Forderungen geführt hatten. Den Grund für diese Kämpfe muß man nicht in einem hypostasierten Naturzustand suchen, sondern in der sozialen Wirklichkeit jener Zeit, in ihren Gegensätzen und in den Veränderungen, die durch diese Gegensätze nach und nach in Gang gebracht wurden.

Die Notwendigkeit, sich vom Niveau rationalistischer Hypothesen auf die Analyse der realen Gesellschaft und ihrer Geschichte hinabzubegeben, gilt heute noch viel mehr, da, wie gesagt, die Forderungen nach einem größeren Schutz von Individuen und Gruppen, die in ihrem Inhalt die Freiheit *von* und die Freiheit *zu* bei weitem übersteigen, enorm zugenommen haben. Und noch immer werden es mehr. Um sie zu begründen und ihnen Durchschlagskraft zu verleihen, reicht die Hypothese eines schlichten und abstrakten Naturzustandes, in dem der Mensch seine wenigen essentiellen Grundbedürfnisse wie selbstverständlich befriedigen kann, längst nicht mehr aus. Infolgedessen erfüllt diese abstrakte Hypothese keinerlei praktischen oder theoretischen Zweck mehr. Die Tatsache, daß die Liste der Menschenrechte immer länger wird, belegt nicht nur, daß der Ausgangspunkt eines Naturzustandes jede Plausibilität verloren hat. Sie sollte uns auch darüber belehren, daß die Welt der sozialen Beziehungen, in denen diese Forderungen entstehen, sehr viel komplexer ist, und daß die sogenannten grundlegenden Rechte wie Leben, Freiheit und Eigentum zum Überleben in dieser Gesellschaft nicht mehr ausreichen.

Es gibt keine aktuelle Menschenrechtscharta, die beispielsweise nicht das Recht auf Bildung einschließen würde, das je nach der gesellschaftlichen Entwicklung umfassender wird und schließlich neben der Grundschule auch die weiterführende Schule und die Universität einschließt. Mir ist aus den bekannten Darstellungen des Naturzustandes nicht bekannt, daß dieses Recht auch nur erwähnt würde. In Wahrheit gründet dieses Recht schlicht deshalb in keinem angenommenen Naturzustand, weil es zu der Zeit, da die naturrechtlichen Theorien entstanden, in der Gesellschaft noch gar nicht erhoben wurde. Die grundlegenden Forderungen, die damals aus der Gesellschaft an die Mächtigen der Welt gerichtet wurden, betrafen im wesentlichen Freiheitsrechte gegenüber Kirche und Staat und keine anderen Rechtsgüter, wie das Recht auf Ausbildung, die erst später in einer wirtschaftlich und sozial entwickelteren Gesellschaft aufkamen. Es waren Forderungen, deren Ziel vor allem darin bestand, eine Grenze gegenüber den unterdrückerischen Kräften zu ziehen. Um die Begrenzung dieser Kräfte auf ein Minimum und die Ausdehnung der Freiheit des einzelnen auf ein Maximum zu rechtfertigen, war die Hypothese einer vor dem eigentlichen Staat bestehenden Situation, nämlich eines freien Zustandes ohne die Individuen beherrschende Mächte wie Kirchen und politische Regierungen, hervorragend geeignet. Im Gegensatz dazu hatte die aristotelische Theorie vom Menschen als *zoon politicon* über Jahrhunderte dazu gedient, den paternalistischen Staat und dessen krudeste Form, den Despotismus, zu rechtfertigen, in dem das Individuum von Natur aus über keinerlei

Rechte verfügt, mit denen es, vergleichbar dem Kinde, auch gar nichts anzufangen vermöchte, weder zum eigenen Nutzen noch zu dem des Allgemeinwohls. Nicht zufällig ist der unmittelbarste Gegner Lockes der rigide Anhänger des patriarchalischen Staates; und umgekehrt war der Verfechter des Rechts auf Freiheit als Grundrecht ein kohärenter Gegner der patriarchalischen Auffassungen, d. h. jener Form der Regierung, in der der Untertan als ewig Unmündiger behandelt wird.

Während die Beziehung zwischen sozialem Wandel und Entstehen der Freiheitsrechte weniger evident war und die Hypothese durchaus zulässig scheinen konnte, die Forderung nach bürgerlicher Freiheit gründe sich auf Naturrechte, die dem Menschen unabhängig von allen historischen Umständen zukämen, ist die Beziehung zwischen dem Entstehen und der Zunahme der sozialen Rechte einerseits und dem gesellschaftlichen Wandel andererseits überhaupt nicht zu übersehen. Als Beweis möge dienen, daß die Forderung nach sozialen Rechten um so mehr zugenommen hat, je schneller und tiefgreifender der gesellschaftliche Wandel war.

Darüber hinaus ist zu bedenken, daß die Forderungen, die einen öffentlichen Eingriff erfordern und auf die Einrichtung von sozialen Leistungen seitens des Staates zielen, nur von einem bestimmten Level der wirtschaftlichen und technologischen Entwicklung an umgesetzt werden können. Außerdem wird die Theorie durch neue, unvorhersehbare und zuvor absolut unpraktikable Forderungen beeinflußt, die ohne bestimmte technische und soziale Veränderungen gar nicht möglich wären. Das ist ein weiterer Beweis für den sozialen und eben nicht naturrechtlichen Ursprung dieser Rechte.

75

Ein wichtiges Beispiel ist die Forderung nach größerer Absicherung der Alten. Diese Forderung wäre undenkbar, hätten nicht die Lebenserwartung und mithin auch die Zahl der Alten drastisch zugenommen; beides sind Auswirkungen des sozialen Wandels und der Fortschritte in der Medizin. Ein weiteres Beispiel sind die Umweltbewegungen und ihre Forderungen nach einem besseren Schutz der Natur, der das Verbot des Mißbrauchs und der schlechten Nutzung der auch für den Menschen unverzichtbaren natürlichen Ressourcen einschließt. Im übrigen haben sich auch die Freiheitsrechte aufgrund technischer Entwicklungen im Bereich der Übertragung und Verbreitung von Ideen und Bildern sowie dem damit verbundenen, erst durch diese Medien möglich gewordenen Mißbrauch gewandelt und erweitert. Dies bedeutet, daß der Zusammenhang zwischen sozialem Wandel und Veränderungen in der Theorie immer existiert hat und die Entstehung der sozialen Rechte diesen nur besonders offensichtlich werden ließ. In einer Gesellschaft, in der nur die Besitzenden Bürger waren, mußte das Eigentum zwangsläufig zu einem fundamentalen Grundrecht erhoben werden. Ebenso offensichtlich ist, daß mit Beginn der industriellen Revolution und dem Aufkommen der Arbeiterbewegung in diesen Ländern die Forderung nach einem Recht auf Arbeit einen ebenso hohen Rang bekam. Die Forderung nach einem Recht auf Arbeit als fundamentales Grundrecht, und zwar so fundamental, daß es heute in allen zeitgenössischen Deklarationen der Menschenrechte seinen Platz findet, hat dieselben guten Gründe auf ihrer Seite wie früher die Überzeugung, das Recht auf Eigentum sei ein unabänderliches Naturrecht. Immer waren es gute Gründe, die ihren Ursprung in der Natur der für die jeweilige Gesellschaft bestimmenden Machtbeziehungen, also in der spezifischen, historisch bestimmten Natur jener Gesellschaften, hatten.

Noch wichtiger und viel weiter gesteckt ist die Aufgabe der Rechtssoziologen hinsichtlich des anderen grundlegenden Themas, nämlich der Anwendung der juristischen Normen. Dieser Gesichtspunkt wurde sehr häufig studiert, man verwendet dafür die Bezeichnung »Implementierung«. Das Feld der Menschenrechte, oder präziser: der Normen, die sie formulieren, anerkennen, definieren und zuerkennen, ist mit Sicherheit das Gebiet, auf dem der Abstand zwischen Norm und Umsetzung der Norm am gravierendsten ist. Dies gilt um so mehr für die sozialen Rechte. So werden in der italienischen Verfassung die Normen, die sich auf soziale Rechte beziehen, schamhaft »programmatisch« genannt. Haben wir uns je ernstlich gefragt, was das für Normen sind, die nicht *hic et nunc* vorschreiben, verbieten oder erlauben, sondern die in einer unbestimmten Zukunft ohne jeden verbindlichen Zeitrahmen vorschreiben, verbieten und erlauben sollen? Haben wir uns vor allem je gefragt, was das für Rechte sind, aus denen sich diese Normen herleiten? Kann man ein Recht, dessen Anerkennung und effektiver Schutz *sine die* vertagt wird und dem guten Willen derer anheimgegeben ist, denen die Durchführung des »Programms« obliegt, das also nichts weiter als eine moralische, im besten Fall politische Verpflichtung ist, überhaupt noch ein Recht im eigentlichen Sinne nennen? Ist der Unterschied zwischen diesen sogenannten und tatsächlichen Rechten nicht so groß, daß es unmöglich oder zumindest doch wenig sinnvoll ist, beide Dinge mit ein und demselben Begriff zu bezeichnen? Die allermeisten Normen zur Konkretisierung der Menschenrechte, die von den internationalen Organisationen beschlossen wurden, besitzen noch nicht einmal den Status programmatischer Normen, wie die Normen einer nationalen Verfassung zu den sozialen Rechten. Wenigstens gilt das, solange sie nicht von einzelnen Staaten ratifiziert werden. Sehr lehrreich zu diesem Punkt ist die Studie von Professor Evan über die Ratifizierung der beiden Menschenrechtserklärungen der UNO durch die Mitgliedstaaten. Aus ihr geht hervor, daß nur ein Fünftel der Mitglieder sie ratifiziert hat und daß es große Unterschiede zwischen den Staaten der Ersten, der Zweiten und der Dritten Welt gibt. Die Menschenrechtscharta ist, solange sie nur in den internationalen Gremien bleibt, die sie formulierten, im eigentlichen Wortsinn keine Charta der Menschenrechte, sondern eher eine Absichtserklärung. Sie stellt also bestenfalls eine Generallinie für das nicht vollständig klar vorherzuplanende zukünftige Handeln dar, die keine ernsthafte Garantie für die Umsetzung und Absicherung, die über den Druck der internationalen öffentlichen Meinung oder nichtstaatlicher Organisationen wie Amnesty International hinausginge, bietet.

Hier ist sicher nicht der Ort, sich mit dem Problem der unterschiedlichen Bedeutungen des Begriffes »Recht« und den damit zusammenhängenden Debatten vorwiegend begrifflicher Natur zu befassen, denen man allerdings kaum entgehen kann, wenn man sich mit dem hier zur Diskussion stehenden Thema, eben den Menschenrechten, beschäftigt. Ob man die Frage nun von der klassischen Unterscheidung zwischen natürlichen und positiven Rechten her angeht oder von jener vor allem im angelsächsischen Raum verbreiteten Differenzierung zwischen *moral rights* und *legal rights*, in jedem Fall ist nicht zu übersehen, daß der Begriff »Recht« seine Bedeutung beim Übergang vom einen zum anderen Typus von Recht verändert. Ob der Begriff »Recht« nicht nur für den zweiten, sondern auch für den ersten Typus anzuwenden sei, ist eine praktische Frage. Ich teile die Befürchtung derer, die meinen, man wecke bei all jenen, die das Wort »Recht« im gemeinhin üblichen Sinn eines erfüllbaren, weil garantierten Anspruchs verstehen, Erwartungen, die niemals erfüllt werden können, wenn man auch, im besten Fall nur zukünftige, Ansprüche Recht nennt.

Vorsichtshalber habe ich hier den Begriff »Forderungen« verwendet und nicht »Recht«, wenn ich mich auf verfassungsmäßig noch nicht garantierte Rechte bezog, also auf – bis jetzt – reine Zielvorstellungen künftiger (positiver) Rechte, für die man aber plausible Gründe geltend machen kann. Ich hätte auch den Begriff »Zielvorstellung« oder »Rechtsanspruch« verwenden können, der eher der juristischen Sprache zugehört und oft in den Debatten um die Menschenrechte Verwendung findet, aber ich empfinde diesen als zu gewichtig. Natürlich habe ich nichts dagegen, auch die Forderung von künftigen Rechten Recht zu nennen. Dies setzt jedoch voraus, daß man die Verwechslung zwischen einer, wenn auch gut begründeten, aber dennoch erst in der Zukunft liegenden Garantie und dem tatsächlichen Schutz eines Rechtsgutes, das ich vor einem Gerichtshof einklagen und für dessen Verletzung ich dort Wiedergutmachung und eventuell auch die Bestrafung des Täters erreichen kann, vermeidet. Wer auf den Begriff Recht auch für die selbstverständlich begründete Forderung nach in der Zukunft zu realisierenden Garantien nicht verzichten mag, dem könnte man eine Unterscheidung zwischen schwachem und starkem Recht vorschlagen, um den Begriff Recht nicht einheitlich für die geforderten und die effektiv vorhandenen Garantien zu verwenden.

»Recht« ist eine deontische Figur und folglich ein Begriff aus der normativen Sprache, also einer Sprache, in der man von und über Normen spricht. Das Vorhandensein eines Rechts, im starken oder im schwachen Sinn des Wortes, impliziert immer ein normatives System, ganz gleich, ob es sich dabei um die schlichte äußerliche Tatsache eines historischen oder gültigen Rechts oder um das Einverständnis mit einem System handlungsleitender Normen für das eigene Agieren handelt. Die andere Seite des Rechts ist die Pflicht. So wie es keinen Vater ohne Sohn gibt und umgekehrt, so gibt es kein Recht ohne Pflicht und umgekehrt. Die alte Idee, es gäbe Pflichten ohne entsprechende Rechte, wie beispielsweise die Pflicht zur Wohltätigkeit, leitete sich daraus ab, daß man dem Empfänger der Wohltätigkeit das Recht darauf absprach. Die Pflicht zur Wohltätigkeit galt als Pflicht gegenüber Gott oder dem eigenen Gewissen, sie, und nicht der Empfänger der Wohltätigkeit, waren aus der Sicht des Wohltäters die wirklichen Inhaber dieses Anspruchs. Von moralischen Rechten kann man nur im Zusammenhang eines normativen moralischen Systems sprechen, in dem es Pflichten gibt, deren Quelle nicht die durch Zwang bewehrte Autorität ist, sondern je nach den verschiedenen Moraltheorien Gott, das eigene Gewissen oder der soziale Druck. Man kann von Naturrechten sprechen, wenn man, wie die Naturrechtler, ein System von Gesetzen der Natur annimmt, die wie alle anderen Gesetze auch Rechte und Pflichten beinhalten und die man aus der Beobachtung der Natur des Menschen und dem Kodex der Natur ableiten kann. In ähnlicher Weise kann man die positiven Rechte aus dem Studium eines Kodex der positiven Gesetze herleiten, in Kraft gesetzt durch eine Autorität, deren Anordnungen respektiert werden. Moralische Pflichten, natürliche Pflichten und positive Pflichten sowie die entsprechenden Rechte gehören zu unterschiedlichen normativen Systemen. Um Begriffen wie Pflicht und Recht einen Sinn zu geben, muß man sie in einen Kontext von Normen stellen, wobei die Natur dieses Kontextes nur eine untergeordnete Rolle spielt. Gemessen an den positiven Rechten sind die Naturrechte nur Forderungen, die, gestützt auf historische und rationalistische Begründungen, in das effektiv garantierte Rechtssystem eingegliedert werden sollen. Vom Standpunkt der Rechtsordnung aus sind die sogenannten moralischen oder natürlichen Rechte keine wirklichen Rechte: Es sind nur Ansprüche, die geltend gemacht und eventuell in einer neuen normativen Ordnung in Rechte transformiert werden, wo sie dann tatsächlich garantiert werden können. Auch der Übergang von einer Ordnung zu einer anderen ist ein Übergang, der sich unter bestimmten sozialen Bedingungen vollzieht und in keiner Weise deterministisch festgelegt ist.

Die Naturrechtler werden einwenden, daß es Naturrechte oder absolute moralische Rechte gibt, die als solche auch in einem anderen historischen System mit anderen Normen und positiven Rechten Gültigkeit behalten. Eine solche Aussage wird jedoch ebenso durch die Unterschiede zwischen den verschiedenen naturrechtlichen Moralkodizes wie auch durch den allgemeinen Sprachgebrauch widerlegt. Letzterer erlaubt es nicht, bei der Mehrzahl der Ansprüche oder Forderungen, die in der Theorie oder seitens einflußreicher Kreise in der öffentlichen Meinung erhoben wurden, von »Rechten« zu sprechen, ehe diese nicht in positives Recht umgesetzt wurden. Ein Beispiel soll dies verdeutlichen. Ehe die Frauen in den verschiedenen gesetzlichen Ordnungen das Stimmrecht erhielten, konnte man kaum von einem Naturrecht oder einem moralischen Recht auf die Stimmabgabe sprechen, da man ihnen das Stimmrecht unter Verweis auf natürliche (die Frauen sind von Natur aus nicht unabhängig) wie auch moralische Gründe (die Frauen sind zu gefühlsbetont, um ihre Meinung zu einem Gesetz abgeben zu können, über das doch rational abgestimmt werden sollte) vorenthielt. Kann man sagen, daß es ein Recht auf die Kriegsdienstverweigerung aus Gewissensgründen gab, bevor dieses Recht eingeführt wurde? Welchen Sinn macht es, in Gesetzesordnungen, die dieses Recht nicht vorsehen, zu behaupten, es gäbe doch ein natürliches und moralisches Recht auf Verweigerung? Was soll man sagen, wenn es keine guten Gründe gibt, derentwegen diese Forderung akzeptiert würde? Welchen Sinn macht es, die Behauptung aufzustellen, daß ein Recht auf Abtreibung besteht, ehe dieses Ziel der Frauen durch die bürgerliche Gesetzgebung aus im übrigen historisch und sozial wohlbegründeten Überlegungen, wie die ständig zunehmende Zahl berufstätiger Frauen auf der ganzen Welt und die drohende Überbevölkerung, aber keineswegs absoluten Gründen, aufgenommen und geregelt wird?

Man könnte diese Aufzählung fortsetzen. Die Diskussion ist von besonderem Interesse für die Menschenrechte, bei denen sich historisch ein Übergang von einem schwachen System von Rechten, nämlich einem Kodex von Naturrechten oder moralischen Rechten, zu einem System von Rechten im starken Sinne, nämlich der Transformation in das juristische System der Nationalstaaten, vollzogen hat. Heute hat sich durch die verschiedenen Deklarationen auf internationaler Ebene der umgekehrte Übergang von einem stärkeren System wie dem der nichtdespotischen Nationalstaaten zu einem schwächeren wie dem internationalen vollzogen, in dem die proklamierten Rechte fast ausschließlich durch den sozialen Druck geschützt werden. Dies ist in der Regel bei den Moralkodizes der Fall, die wiederholt straf- und folgenlos verletzt wurden, wenn man von moralischen Verurteilungen absieht. Im internationalen System, so wie es sich augenblicklich präsentiert, fehlen einige der notwendigen Bedingungen zur Bewältigung des Übergangs von Rechten im schwachen zu Rechten im starken Sinne: a) Die Anerkennung und der Schutz der Forderungen und Ansprüche, die in den Erklärungen der internationalen Organisationen und ihrer Organe enthalten sind, werden nicht als unabdingbare Voraussetzung für die Mitgliedschaft eines Staates in der internationalen Gemeinschaft angesehen; b) Es fehlt im internationalen System ein gemeinsames Machtmittel, das stark genug wäre, Verletzungen der erklärten Rechte vorzubeugen oder sie zu unterdrücken.

Ich habe in meinen Ausführungen den Mißbrauch, oder besser den täuschenden Gebrauch des Begriffes »Recht« in den Erklärungen zu diesem oder jenem Menschenrecht in den internationalen Gremien beklagt. Diejenigen, die an den Tischen der internationalen Gemeinschaft sitzen, sind Politiker, Diplomaten, Juristen und im weiteren Sinne Experten. Ihnen kann nicht entgangen sein, daß das, worüber sie diskutieren, schlicht und einfach Vorschläge oder Direktiven für eine künftige Gesetzgebung sind, und daß die von ihnen unterzeichneten Deklarationen keine garantierten Rechte darstellen wie die Präambeln zu den

83

nationalen Verfassungen seit dem Ende des 18. Jahrhunderts. Um einen Begriff zu verwenden, der mit den Menschenrechten ins Rampenlicht trat: Sie sind keine »Bill of Rights«, sondern Dokumente zu Rechten, die in einer näheren Zukunft in Kraft gesetzt werden sollen, dann nämlich, wenn die einzelnen Staaten sie anerkennen oder wenn die internationalen Organisationen die nötigen Mittel und Machtstrukturen besitzen, um diese Rechte auch dort durchzusetzen, wo sie verletzt werden. Ein Recht ist etwas anderes als ein potentielles Recht. Sich auf ein anerkanntes und garantiertes Recht zu stützen, ist etwas ganz anderes, als ein Recht zu haben, das es geben müßte, das aber erst noch von einem Diskussionsgegenstand in den Expertentreffen zum Gegenstand der Entscheidungen einer Legislative werden muß.

Mein Ausgangspunkt war der enorme Abstand zwischen der breiten theoretischen Debatte um die Menschenrechte und den engen Grenzen, die einem wirkungsvollen Schutz dieser Rechte in den einzelnen Staaten und in der internationalen Gemeinschaft gesetzt sind. Diesen Abstand können nur die politischen Kräfte verkleinern. Die Rechtssoziologen aber sind unter allen, die sich mit dem Recht befassen, diejenigen, die am besten dazu imstande sind, diesen Abstand zu beschreiben und die Gründe dafür herauszufinden. Und bereits dadurch wird er ein wenig kleiner gemacht.

[1988/89]

Gründe für die Toleranz

1. Am Beginn soll eine Anmerkung zum Begriff Toleranz und zu dessen unterschiedlicher Verwendung in verschiedenen Zusammenhängen stehen. Eine solche Vorbemerkung ist angebracht, denn die Toleranz, deren »Gründe« hier beleuchtet werden sollen, ist nur eine, wenngleich die historisch vorherrschende, unter den verschiedenen Bedeutungen. Wenn man vom Toleranzbegriff in dem Sinne spricht, wie er historisch überwiegend verwendet wurde, dann bezieht er sich auf das Zusammenleben zunächst der unterschiedlichen Religionen, später auch der verschiedenen politischen Anschauungen. Heute wird der Begriff Toleranz weiter gefaßt und auf die Fragen des Zusammenlebens mit ethnischen, sprachlichen und rassischen Minderheiten ausgedehnt, sowie auf alle, die sich ganz allgemein als »verschieden« betrachten oder so betrachtet werden, wie beispielsweise Homosexuelle, Geisteskranke oder Behinderte. Die Probleme, auf die sich diese beiden Auffassungen von Toleranz, ihre Beachtung und Begründung beziehen, sind nicht dieselben. Der Respekt vor anderen Glaubensüberzeugungen und politischen Ansichten ist das eine: Er impliziert einen Diskurs über Wahrheit

und theoretische wie praktische Kompatibilität verschiedener, auch gegensätzlicher Wahrheiten. Etwas anderes ist es, denjenigen zu tolerieren, der sich durch physische oder soziale Merkmale unterscheidet. Hier stehen die Probleme des Vorurteils und der sich daraus herleitenden Diskriminierung im Vordergrund. Die Gründe, die man zur Verteidigung der Toleranz in der ersten der beiden Bedeutungen anführen kann, und die man in den vergangenen Jahrhunderten der hitzigen religiösen Debatten offensichtlich auch angeführt hat, sind nicht dieselben, mit denen man die Toleranz in der zweiten Bedeutung verteidigt. Ebenso unterscheiden sich auch die beiden dazugehörigen Formen der Intoleranz. Die erste rührt daher, daß man sich im Besitz der Wahrheit wähnt. Die zweite entspringt dem Vorurteil, das ich als Meinungen oder Meinungsgeflecht verstanden wissen möchte, die unkritisch einfach der überkommenen Gepflogenheit oder den Sitten und Gebräuchen, oder auch einer Autorität entlehnt werden und deren Diktat man sich beugt, ohne darüber zu diskutieren. Wohlgemerkt, auch die Überzeugung, im Besitz der Wahrheit zu sein, kann einen Irrtum bedeuten und zu einem Vorurteil werden. Aber dieses Vorurteil wird gänzlich anders bekämpft. Die Argumente, mit denen der Anhänger einer Kirche oder der Gefolgsmann einer Partei überzeugt werden, die Präsenz anderer Konfessionen oder Parteien zu akzeptieren, sind gänzlich andere als die, mit denen ein Weißer dazu gebracht wird, friedlich mit einem Schwarzen zusammenzuleben, ein Turiner mit einem Süditaliener, oder auch, daß Homosexuelle juristisch und sozial nicht diskriminiert werden usw. Die grundlegende Frage, die sich die Verteidiger der religiösen und politischen Toleranz immer gestellt haben, lautet: Wie kann man

theoretisch und praktisch zwei gegenläufige Wahrheiten verein-
baren? Die grundlegende Frage für denjenigen, der für Toleranz
gegenüber anderen eintritt, ist dagegen eine andere: Wie kann
man beweisen, daß eine bestimmte Unduldsamkeit gegen eine
Minderheit, also in Wahrheit gegen das, was außerhalb der
Norm liegt, gegen den, der »anders« ist, aus altüberkommenen
Vorurteilen herrührt, aus irrationalen und rein emotiven Beur-
teilungen von Menschen und Situationen? Der beste Beleg für
den Unterschied zwischen diesen beiden Formen der Toleranz
ist die Tatsache, daß im zweiten Fall die übliche Bezeichnung
dessen, was man zu bekämpfen sucht, sogar in den offiziellen internationalen Dokumenten nicht Intoleranz lautet, sondern ras-
sistische, sexuelle, ethnische o. ä. Diskriminierung.

Das Motiv, warum es an dieser Stelle um die Gründe der Toleranz im ersten Sinn gehen soll, liegt darin, daß das historische
Problem der Toleranz, so wie es sich zuerst in den Religionskriegen in Europa stellte, ausschließlich mit den Möglichkeiten des
Zusammenlebens verschiedener Religionen zu tun hatte. Das
änderte sich auch angesichts der häretischen Bewegungen nicht
und wurde von den Philosophen, unter anderem Locke und Vol-
taire, so aufgefaßt. Die großen historischen Arbeiten zu diesem
Thema, wie z. B. die berühmte zweibändige Geschichte der Toleranz von Joseph Lecler (1954), zeigen, daß das Problem mit dem
Zerfall des einheitlichen Universums der christlichen Religion
entstand.

2. Der Intolerante wehrt sich gegen die Beschuldigung seitens
des Toleranten, er sei ein Fanatiker, indem er ihn beschuldigt,
ein Skeptiker oder doch zumindest indifferent zu sein, ein

Mensch ohne starke Gewißheiten, jemand, der glaubt, es gäbe überhaupt keine Wahrheiten, für die es sich lohne zu kämpfen. Die Kontroverse zwischen Luigi Luzzatti und Benedetto Croce zu Beginn dieses Jahrhunderts erläutert die verschiedenen Standpunkte. Luzzatti hatte ein Buch verfaßt, das die Toleranz pries (*La libertà di coscienza e di scienza*, 1909) und wesentliche Anregungen für die Verfechter des liberalen Staates enthielt. In dieser Debatte hatte Croce behauptet, die Toleranz sei »eine praktische und kontingente Formel, kein universales Prinzip, und könne daher nicht das Kriterium sein, die Geschichte zu beurteilen, die dazu vielmehr in ihr selber liegender Maßstäbe bedürfe«. Weiterhin entgegnete er Luzzatti, daß unter den Toleranten »nicht immer die edelsten und mutigsten Geister seien. Oft waren es nur Schwätzer und Gleichgültige. Die starken Geister mordeten und ließen sich ermorden.« Seine Schlußfolgerung lautete: »So ist die Geschichte, und keiner kann sie ändern.« Croces Anschuldigung ist präzise: Die Toleranten müssen nicht unbedingt Schwätzer sein (hier ist die Formulierung unbestimmt und war vielleicht auf seinen damaligen Kontrahenten gemünzt), sie können auch indifferent sein. Wer einwendete, durch solche Formulierungen zeige er seine eigene Intoleranz, dem erwiderte Croce weise, er sei so wenig intolerant, daß er in der Geschichte sogar den Intoleranten gegenüber tolerant sei.[*]

[*] Die erste Stelle stammt aus *Cultura e vita morale*, Bari 1926, S. 100; die zweite aus *Pagine sparse*, Neapel 1943, Bd. 1, S. 247. Zur Geschichte jener Kontroverse und ganz allgemein zur Debatte um pro und kontra Toleranz in den ersten Jahren des 20. Jahrhunderts vgl. das informative und gut dokumentierte Buch von V. Mura, *Cattolici e liberali nell' età giolittiana. Il dibattito sulla tolleranza*, Bari 1976.

Aus der Sicht des Intoleranten oder desjenigen, der sich über den Gegensatz Toleranz-Intoleranz erhaben wähnt, ist der Tolerante in historischer, nicht praktisch-politischer Sicht oft weniger aus guten denn aus schlechten Gründen tolerant. Er ist angeblich nicht deshalb tolerant, weil er ernsthaft für die Freiheit der anderen kämpft, ihre jeweilige Wahrheit offen bekennen zu können, sondern weil er sich aus der Wahrheit gar nichts macht. Aber neben den schlechten Gründen gibt es auch gute. Wenn ich diese hier darlege, so will ich mich doch davor hüten, mit gleicher Münze die Anschuldigungen zurückzuzahlen, etwa mit der Behauptung, wer intolerant ist, müsse zwangsläufig auch ein Fanatiker sein. Ich bin der Ansicht, der Gegensatz zwischen Gleichgültigkeit und Fanatismus ist nicht vollkommen deckungsgleich mit dem ebenso praktischen Gegensatz zwischen Toleranz und Intoleranz.

3. Der niedrigste Grund der Toleranz ist rein praktischer Natur und entspringt der politischen Vorsicht. Dieser Grund war es, der auf dem Feld der praktischen Politik den Respekt vor den verschiedenen religiösen Glaubensgemeinschaften selbst bei denen begründete, die grundsätzlich eigentlich eher intolerant wären (weil sie überzeugt davon sind, die Wahrheit zu besitzen, und glauben, daß alle Andersdenkenden irren). Es handelt sich um die Toleranz als das kleinere oder unvermeidliche Übel. Versteht man Toleranz in diesem Sinne, dann beinhaltet sie keinerlei Verzicht auf die eigenen unumstößlichen Überzeugungen, sondern nur die Meinung, die im übrigen bei Gelegenheit auch wieder umgestoßen werden könnte, daß die Wahrheit letztlich einen Vorteil daraus zieht, hinzunehmen, wenn andere irren. Die

historische Erfahrung habe schließlich gelehrt, daß ihre Verfolgung nur die falschen Ansichten bestärkt, statt sie auszurotten. Die Intoleranz würde also nicht zum erwünschten Ziel führen. Bereits auf diesem Niveau wird der Unterschied zwischen dem Toleranten und dem Skeptiker deutlich. Dem Skeptiker ist es im Grunde egal, welcher Glaube am Ende triumphiert. Der Tolerante hingegen hat ein praktisches Interesse am Sieg einer bestimmten Wahrheit, nämlich seiner. Aber er glaubt sein Ziel, den Irrtum zu bekämpfen und Schaden durch ihn zu verhindern, besser zu erreichen, wenn er tolerant ist, und nicht intolerant.

Dieser Grund ist weitestgehend praktischer Natur und nimmt je nach den unterschiedlichen Machtverhältnissen verschiedene Formen an zwischen der eigenen Doktrin oder der eigenen Schule und den anderen, die im Irrtum sind. Wenn man selbst stärker ist, kann es ein Akt der Klugheit sein, hinzunehmen, daß die anderen irren: Sie zu verfolgen, würde Aufsehen erregen, und das Aufsehen vergrößert den Schandfleck, anstatt ihn, was die bessere Lösung wäre, so gut als möglich zu verstecken. Der Irrtum könnte sich durch die Verfolgung eher noch ausbreiten. Ihn mit wohlwollender Nachsicht, aber natürlich auch immer mit Augenmaß zu tolerieren, scheint da der geeignetere Weg zu sein. Ist man selbst der Schwächere, dann ist es schlicht geboten, den Irrtum des anderen zu dulden: Würde man dagegen angehen, könnte man an die Wand gedrückt werden, und jede Aussicht darauf, daß der kleine Funken Hoffnung jemals Früchte tragen könnte, wäre verloren. Sind die Kräfte gleich verteilt, dann gelten die Prinzipien der Wechselseitigkeit, die die Grundlage für alle Transaktionen, Kompromisse und Vereinbarungen und schließlich für ein friedliches Zusammenleben bilden (jedes Zusammenleben gründet entweder auf einen Kompromiß oder auf Unterdrückung). Toleranz ist also das Resultat eines Austauschs, eines *modus vivendi*, eines *do ut des* im Zeichen des »Wenn du mich tolerierst, dann werde ich auch dich tolerieren«. Es liegt nur allzusehr auf der Hand, daß ich, wenn ich mir das Recht herausnehme, andere zu verfolgen, den anderen auch das Recht gebe, mich zu verfolgen. Heute du, morgen ich. In all diesen Fällen ist die Toleranz vollkommen unverstellt und das Resultat eines Nützlichkeitskalküls. Als solches hat sie überhaupt nichts mit dem Problem der Wahrheit zu tun.

4. Steigt man in der Skala der guten Gründe ein wenig weiter nach oben, dann gelangt man von Gründen reiner politischer Klugheit zur Entscheidung für eine regelrechte universale Methode des Zusammenlebens. Zumindest dem Anspruch nach: Die Toleranz kann die Entscheidung für Überredung und Überzeugung und gegen Gewalt und Zwang bedeuten. Hinter der so verstandenen Toleranz steht nicht mehr nur die passive und resignierte Hinnahme des Irrtums, sondern ein aktives Vertrauen in die Vernunft oder die Vernünftigkeit des anderen. Das ist eine Auffassung, die den Menschen nicht nur als von der Verfolgung seiner eigenen Interessen geleitetes Wesen begreift, sondern auch für fähig erachtet, das eigene Interesse im Licht des allgemeinen Interesses zu sehen und bewußt auf die Gewalt als einziges Mittel zur Durchsetzung seiner Vorstellungen zu verzichten.

Während die Toleranz als schlichtes Dulden des Bösen und des Irrtums eine theologische Doktrin ist, war die Toleranz als Methode der Überzeugung eines der wichtigen Themen in den großen Essays der Aufklärung, die zum Siegeszug des Prinzips der Toleranz in Europa nach den blutigen Religionskriegen beitrugen. Auf der Insel Utopia herrscht Religionsfreiheit, deren Gründe Utopus wie folgt darlegt: »Aber mit Gewalt und Drohungen erzwingen, daß das, was du für wahr hältst, auch alle andern wahr bedünken solle, das hielt er für unverschämt und abgeschmackt. Wenn nun höchstens eine Religion die wahre ist, und die andern nicht und eitel sind, so hat er doch unschwer vorausgesehen (wenn die Sache nur mit Vernunft und Mäßigung behandelt wird), daß die innere Kraft der Wahrheit sich glänzend Bahn brechen werde. Wenn aber mit den Waffen in der Hand und im Aufruhr gestritten wird, so würde, da die schlechtesten Menschen die hartnäckigsten sind, die beste Religion, wie die Saat unter Dornen und Sträuchern, unter einem Wust abergläubischer Wahnvorstellungen erstickt werden.«* Und der größte Theoretiker der Toleranz, John Locke, schrieb:

»Der Wahrheit würde es am besten bekommen, wenn man sie einmal auf sich selbst angewiesen sein ließe. Sie hat selten, und ich fürchte, sie wird niemals viel Hilfe von der Macht der Großen haben, denen sie nur selten bekannt und noch seltener willkommen ist. Sie wird nicht durch Gesetze gelehrt, noch hat sie irgendein Bedürfnis nach Zwang, um sich Eingang in die Seelen der Menschen zu verschaffen. Irrtümer allerdings gewinnen mit Hilfe fremder und geborgter Unterstützung die Oberhand. Aber wenn die Wahrheit ihren Weg zum Verständnis nicht mit Hilfe ihres eigenen Lichtes macht, so wird sie nach dem Maße geborgter Kraft, um die Gewalttat sie vermehren kann, nur um so schwächer sein.«**

* T. Morus, *Utopia*, Frankfurt/Main und
Leipzig 1992, S. 187
** J. Locke, *Ein Brief über die Toleranz*,
Hamburg 1996, S. 81

Diese beiden Abschnitte sind sehr bekannt. Ich habe sie dennoch so ausführlich zitiert, weil die von der Religion übernommene und erweiterte Idee, die hier zum Ausdruck kommt, einer der wesentlichen Anstöße für die demokratische Verfassung war und eines der grundlegenden Unterscheidungsmerkmale der demokratischen Regierungen gegenüber jedweder Form der Despotie darstellte. Eine der möglichen Definitionen von Demokratie betont besonders, daß die Techniken der Überredung die des Zwangs als Mittel zur Lösung von Konflikten ersetzt haben. Dies ist gewiß nicht der Ort, sich über die Charakteristika der Überredung und die »nouvelle rhétorique« auszulassen, aber es ist bekannt, daß die Schule der neuen Rhetorik einen Beitrag dazu geleistet hat, die Beziehung zwischen rhetorischer Argumentation und demokratischem Verfahren in der Praxis zu erläutern.

5. Gehen wir noch einen Schritt weiter. Unabhängig von allen methodischen Gründen kann man zugunsten der Toleranz auch einen moralischen Grund anführen: den Respekt vor dem anderen. Auch in diesem Fall gründet die Toleranz nicht auf dem Verzicht auf die eigene Wahrheit oder auf einer Indifferenz gegenüber jeder Form von Wahrheit. Ich bin felsenfest von meiner Wahrheit überzeugt, aber ich bin auch davon überzeugt, einem absoluten moralischen Prinzip gehorchen zu müssen: dem Respekt vor dem anderen. Anscheinend handelt es nur um einen Konflikt zwischen theoretischer und praktischer Vernunft, zwischen dem, woran ich glaube, und dem, was ich tun muß. In Wirklichkeit jedoch geht es um den Konflikt zwischen zwei moralischen Prinzipien: dem Gebot der Kohärenz, das mich dazu

95

führen würde, meine Wahrheit über alles andere zu setzen, und dem Respekt oder Wohlwollen gegenüber dem anderen.

Wie die Methode der Überredung zur demokratischen Regierungsform gehört, ist die Anerkennung des Rechtes eines jeden Menschen, zu glauben, was er will, aufs engste mit der Durchsetzung der Freiheitsrechte verknüpft. Hier sind an erster Stelle die Religionsfreiheit sowie im weiteren die Meinungsfreiheit zu nennen, auch die sogenannten unveräußerlichen Naturrechte, die die Grundlage des liberalen Staates bilden. Im übrigen stehen der liberale und der demokratische Staat, wenngleich nicht immer historisch, so doch mit Sicherheit theoretisch in einer Wechselbeziehung, denn letzterer ist die zwangsläufige Folge des ersteren, und wo sie sich durchgesetzt haben, stehen und fallen sie gemeinsam.

Wenn der andere zur Wahrheit gelangt, so muß dies aus eigener Überzeugung und nicht durch Zwang geschehen. Von diesem Standpunkt aus ist die Toleranz nicht nur ein kleineres Übel oder eine, in diesem Fall bevorzugte, Art des Zusammenlebens neben anderen, sondern es ist die einzig mögliche Antwort auf die siegreiche Überzeugung, daß die innere Freiheit ein zu hohes Gut ist, als daß man ihr die Anerkennung verweigern könnte, anstatt sie im Gegenteil geradezu zu fordern. Nun ist die Toleranz nicht mehr nur aus Gesichtspunkten der sozialen Zweckmäßigkeit gefragt, sondern sie ist eine ethische Pflicht. Auch in diesem Fall ist der Tolerante kein Skeptiker, da er ja an seine Wahrheit glaubt. Er ist auch nicht indifferent, denn er leitet sein Handeln aus einer absoluten Pflicht ab, nämlich dem Respekt vor der Freiheit des anderen.

Forderungen der Menschen, die eine andere Natur oder eigentlich gar keine menschliche Natur hatten (denn in dieser Zeit war die menschliche Natur identisch mit der Zugehörigkeit zu einer bestimmten Klasse).

Die Allgemeine Erklärung der Menschenrechte stellt mit Sicherheit einen positiven Ausgangspunkt für den Schutz der Menschenrechte auf der ganzen Welt dar. Aber wie bis hierher ausgeführt wurde, bedeutet sie hinsichtlich des Inhalts der proklamierten Rechte einen Stillstand in einem noch längst nicht abgeschlossenen Prozeß. Die aufgezählten Rechte sind keineswegs die einzig möglichen Menschenrechte. Es sind die Grundrechte jenes Menschen, wie er den Verfassern der Erklärung nach der Tragödie des Zweiten Weltkrieges vorschwebte, des Menschen, der geprägt ist durch die Epoche, die mit der Französischen Revolution begann und in die Russische Revolution mündete. Es bedarf keiner besonderen Phantasie, um vorherzusehen, daß die technische Entwicklung, die Veränderung der wirtschaftlichen und sozialen Verhältnisse, der Zuwachs an Wissen und die Verdichtung der Kommunikationsmittel derartige Veränderungen in den menschlichen Lebensbedingungen und den Sozialbeziehungen hervorrufen werden, daß neue Bedürfnisse und folglich auch Forderungen nach neuen Freiheiten entstehen werden. So bringt, um nur einige Beispiele zu nennen, die Ausweitung und immer größere Verflechtung der Kommunikationsmittel ein wachsendes Bedürfnis hervor, nicht von einer verlogenen und bedrängenden Propaganda betrogen, aufgehetzt oder gestört zu werden. Bei den Fragen der Teilhabe an der Macht wird das Verlangen nach Teilhabe an der wirtschaftlichen Macht neben der überall anerkannten, aber keineswegs überall realisierten Teilhabe an der politischen Macht in dem Maße stärker, wie der Einfluß der Wirtschaft auf die politischen Entscheidungen zunimmt. Bei den sozialen Rechten schließlich gibt es eine ständige Bewegung. Da die Forderung nach sozialen Schutzrechten mit der industriellen Revolution entstand, wird die rasche technische und wirtschaftliche Entwicklung neue Forderungen hervorbringen, die wir heute noch nicht einmal ahnen. Die Allgemeine Erklärung der Menschenrechte ist ein Spiegel des historischen Bewußtseins der Menschheit in der Mitte dieses Jahrhunderts von ihren Grundwerten. Sie stellt eine Synthese aus Vergangenheit und Anregungen für die Zukunft dar, aber die Rechte sind nicht auf ewig festgeschrieben.

Es handelt sich bei dieser Weiterentwicklung vielleicht auch um ein schrittweises Heranreifen der Erklärung, die bereits zu weitergehenden Dokumenten geführt hat und noch führen wird, wodurch das Ausgangsdokument neu interpretiert und zum Teil ergänzt wird.

Einige wenige Beispiele genügen, um dies zu verdeutlichen. Die Erklärung der Rechte des Kindes, die von der Generalversammlung am 20. November 1959 angenommen wurde, bezieht sich in ihrer Präambel auf die Allgemeine Erklärung der Menschenrechte. Gleich im Anschluß daran präsentiert sie die Frage der Kinderrechte als einen Spezialfall der Menschenrechte. Wenn es heißt, das »Kind« bedürfe aufgrund seiner physischen und geistigen Unreife eines *besonderen* Schutzes, wird offensichtlich, daß die Rechte des Kindes als ein *ius singulare* im Verhältnis zum *ius commune* erachtet werden. Das Gewicht, das ihnen durch das spezielle Dokument verliehen wird, leitet sich aus einem Prozeß der Spezifizierung des Allgemeinen her, in dem der Grundsatz *suum cuique tribuere* realisiert wird. Man sehe sich den Artikel 2 der Allgemeinen Erklärung an, in dem nicht nur die Diskriminierung aus religiösen und sprachlichen Gründen verurteilt wird, sondern auch die wegen des Geschlechts oder der Rasse. Was die Diskriminierung wegen des Geschlechts betrifft, so geht die Erklärung nicht über allgemeine Formulierungen hinaus, denn dort, wo der Text unterschiedslos von »Individuen« spricht, muß man vermuten, daß damit Männer und Frauen gemeint sind. Seit dem 20. Dezember 1952 jedoch hat die Generalversammlung eine Konvention zu den politischen Rechten der Frau verabschiedet, die in den ersten drei Artikeln die Diskriminierung sowohl hinsichtlich der passiven und aktiven Wahlrechte als auch beim Zugang zu öffentlichen Ämtern verbietet. Gegen die Diskriminierung aus rassischen Gründen hat die Generalversammlung am 20. November 1962 eine Erklärung verabschiedet; zwei Jahre später folgte eine Konvention, die in elf Artikeln einige typische Formen dieser Diskriminierung beschreibt und typische Praktiken benennt, wie die gesellschaftliche Ausgrenzung und speziell die *Apartheid* (Art. 5). In der Allgemeinen Erklärung hätten diese sehr spezifischen Praktiken gar nicht vorhergesehen werden können.

Eines der interessantesten und vielleicht auch meistbeachteten Probleme bei der Erweiterung der Menschenrechte steht im Zusammenhang mit der Entkolonialisierung, die – vielleicht sollte man daran an dieser Stelle erinnern – erst nach der Erklärung in ihre historisch entscheidende Phase getreten ist. In der Erklärung zur Gewährung der Unabhängigkeit für die Länder und Völker in kolonialer Abhängigkeit (verabschiedet am 14. Dezember 1960) fehlt der übliche Bezug auf die weltweiten Menschenrechte nicht. Aber diese Erklärung geht deutlich weiter. Bereits im ersten Artikel wird festgestellt, daß die Unterwerfung von Völkern unter Fremdherrschaft eine Negation fundamentaler Menschenrechte darstellt. Dies bedeutet eine echte Erweiterung des Textes der Allgemeinen Erklärung, die überdies von großer Explosivität ist. Die Aussage in Artikel 2, Absatz 2 der Allgemeinen Erklärung, daß es keinen Unterschied gibt aufgrund des politischen, juristischen oder internationalen Statuts des Landes oder Territoriums, dem eine Person angehört, und die Erklärung zur Unabhängigkeit, die die Unterwerfung unter die Herrschaft eines fremden Volkes für menschenrechtswidrig erklärt, unterscheiden sich erheblich voneinander. Die erste Aussage betrifft einzelne Individuen, die zweite ein ganzes Volk. Erstere beschränkt sich auf die Nichtdiskriminierung eines Individuums, letztere geht weiter bis hin zur Forderung nach kollektiver Autonomie. Sie stützt sich dabei auf das bereits in der Französischen Revolution proklamierte Grundrecht eines jeden Volkes auf Selbstbestimmung, das bereits im darauffolgenden Jahrhundert den nationalen Unabhängigkeitsbewegungen Nahrung gab. Dieses Grundrecht taucht im Absatz 2 der Unabhängigkeitserklärung wieder auf. Es wird also offenkundig, daß neben den Rechten der einzelnen Menschen, auf die sich die Allgemeine Erklärung ausschließlich bezieht, inzwischen durch den Prozeß der Entkolonialisierung und die bewußte Wahrnehmung der sich darin ausdrückenden Werte die Notwendigkeit herangereift ist, Grundrechte für die Völker zu fordern, für die die allgemeinen Menschenrechte der Individuen nicht notwendigerweise gelten. Das Selbstbestimmungsrecht der Völker wurde so in den neueren und wichtigsten, von der UNO gebilligten Dokumenten zum Thema Menschenrechte als erstes oder als Grundprinzip anerkannt. Der Pakt über die wirtschaftlichen, sozialen und kulturellen Rechte und der Pakt über die gesellschaftlichen und politischen Rechte, beide vom 16. Dezember 1966, beginnen mit dem Satz:»Alle Völker haben das Recht auf Selbstbestimmung«; und weiter heißt es:»Aufgrund dieses Rechtes entscheiden sie frei über ihre wirtschaftliche, soziale und kulturelle Entwicklung.« Der Artikel 3 in beiden Dokumenten bekräftigt dies und fordert von den Staaten konkrete Schritte zur Durchsetzung des Selbstbestimmungsrechtes der Völker.

Die Bemühungen der Vereinten Nationen und ihrer Organisationen bedeuten in zahlreichen Fällen eine Weiterentwicklung und Präzisierung der Allgemeinen Erklärung. Hier sei an die Konventionen zum Thema Arbeit und Gewerkschaftsfreiheit erinnert, die von den internationalen Arbeitsorganisationen lanciert wurden, vor allem aber an die Konvention zur Verhinderung und Abschaffung des Völkermordes, die von der Generalversammlung am 9. Dezember 1958 gebilligt wurde. In ihr wird auf eine bestimmte Gruppe von Menschen als Gesamtheit explizit ausgedehnt, was in den Artikeln 3 und 5 der Allgemeinen Erklärung bereits jedem einzelnen Menschen als Recht auf Leben, persönliche Unversehrtheit, Schutz vor Versklavung, vor Grausamkeit und unmenschlicher Behandlung garantiert wird. Wieder einmal kommen hinter den Menschenrechten für die Individuen neue Rechte für bestimmte Gruppen von Menschen, für Völker und Nationen zum Vorschein. (Ein interessanter Fall dieser *Magna Charta* der Völker ist der Artikel 47 des Abkommens über die bürgerlichen und die politischen Rechte, der von einem

»Recht« spricht, nach dem alle Völker in vollständiger Freiheit über ihre Reichtümer und natürlichen Ressourcen verfügen dürfen. Die Gründe für solche Formulierungen sind unschwer zu erkennen. Schwerer dagegen ist es, deren Konsequenzen vorherzusehen, wenn sie tatsächlich beim Wort genommen werden.) Da Proklamationen allein keinen wirksamen Schutz der Menschenrechte darstellen, haben wir das tatsächliche Problem noch vor uns: Es besteht darin, die richtigen Maßnahmen zu ihrem effektiven Schutz zu ersinnen. Dies wird ein dornenreicher Weg sein, auf dem wir zwei Arten von Wanderern treffen werden: solche, die wissen, wo es langgeht, denen aber die Füße gebunden sind, und solche, die ihre Füße frei bewegen können, die aber leider verbundene Augen haben. Zwei Arten von Schwierigkeiten sind dabei genau auseinanderzuhalten. Die eine ist eher juristisch-politischer Natur, die andere substantieller Art, das heißt, sie ergibt sich aus dem Inhalt der in Frage stehenden Rechte.

Die erste Schwierigkeit ergibt sich aus der Natur der internationalen Gemeinschaft: aus der Art von Beziehungen zwischen den einzelnen Staaten bzw. jedem einzelnen Staat und der Gemeinschaft als ganzer. Um eine alte Unterscheidung aufzugreifen, die zu anderen Zeiten den Zweck hatte, die Beziehungen zwischen Staat und Kirche zu beschreiben, könnte man sagen, die Organe der internationalen Gemeinschaft besitzen gegenüber den Staaten, die sie bilden, eine *vis directiva*, aber keine *vis coactiva*. Der juristische Schutz, den man von anderen Formen der sozialen Kontrolle unterscheiden muß, ist jener Schutz, den der Bürger genießt, wenn er in einem solchen Staat lebt, und der auf der *vis coactiva* gründet. Das Problem der Wirksamkeit der *vis directiva* und das Problem der Differenz zwischen *vis directiva* und *vis coactiva* hinsichtlich ihrer Effektivität sollen an dieser Stelle nicht erörtert werden, ausgenommen folgende Überlegung: Damit die *vis directiva* ihr Ziel erreichen kann, muß im allgemeinen wenigstens eine von zwei Bedingungen erfüllt sein: a) Derjenige, der sie ausübt, muß eine sehr hohe Autorität genießen. Er muß, wenn schon nicht einschüchternd, so doch zumindest respekteinflößend wirken; b) Derjenige, auf den sich die Autorität bezieht, muß sehr vernünftig sein, das heißt, er muß seiner Einstellung nach nicht nur auf Gewalt reagieren, sondern auch auf Argumente.

Zwar ist jede Verallgemeinerung zu vermeiden, da die Beziehungen zwischen den einzelnen Staaten und der internationalen Gemeinschaft von unterschiedlichster Natur sein können, aber man wird doch einräumen müssen, daß in einer Reihe von Fällen eine der beiden Bedingungen, wenn nicht gar beide fehlen. In genau diesen Fällen kommt es am leichtesten zu Situationen, in denen der Schutz der Menschenrechte unzureichend ist oder völlig fehlt, und auf die die internationale Gemeinschaft eigentlich reagieren müßte. Die Mißachtung der Menschenrechte im Innern und der mangelnde Respekt gegenüber der internationalen Gemeinschaft nach außen gehen Hand in Hand. Je autoritärer eine Regierung mit den Freiheiten ihrer Bürger umgeht, um so libertärer ist sie im Umgang mit der Autorität der internationalen Gemeinschaft.

Auf den Spuren der alten Unterscheidung differenziert die heutige politische Theorie, allerdings mit größerer Präzision, im Kern zwei Formen der sozialen Kontrolle: *Einfluß* und *Macht.* Unter Einfluß versteht man die Kontrolle, die durch Einwirkung auf seine Entscheidungen das Handeln des anderen lenkt; und mit Macht meint man die Kontrolle, die das Verhalten des anderen dadurch bestimmt, daß es ihm jegliche Alternativen verbaut. Geht man von dieser Differenz aus, dann ergibt sich ein klarer Unterschied zwischen juristischem Schutz im engeren Sinne und internationalen Garantien. Ersterer bedient sich der Macht als Form der sozialen Kontrolle, letztere hingegen bauen einzig und allein auf Beeinflussung. Felix Oppenheim unterscheidet jeweils drei Formen der Beeinflussung: die Überredung, die Entmutigung und die Konditionierung; und drei Formen der Gewalt, nämlich die physische Gewalt, die gesetzmäßige Behinderung und die Androhung schwerwiegender Sanktionen.*

Die Kontrolle durch die internationalen Organisationen entspricht ziemlich genau den drei Formen der Beeinflussung, sie bleibt aber auf der untersten Stufe der Gewalt stehen. Genau auf dieser Stufe beginnt der Schutz, den wir aufgrund einer langen Tradition gewöhnlich juristischen Schutz nennen. An dieser Stelle soll keine langatmige Diskussion um Begriffe stattfinden. Im Kern geht es darum, zu wissen, welche Formen der sozialen Kontrolle möglich sind, und daraus abzuleiten, welche im Augenblick von der internationalen Gemeinschaft angewendet werden und angewendet werden können. Wirksame oder weniger wirksame Formen des Schutzes müssen voneinander unterschieden werden, um so möglichst effektiv und ohne Umwege agieren zu können. Wir müssen uns die Frage stellen, welches die effektivsten Maßnahmen zum Schutz der Menschenrechte auf internationaler Ebene sind, die im Augenblick auch in die Tat umgesetzt werden können.

* F. Oppenheim, *Dimensioni della libertà*, Mailand 1964, S. 31 ff.

Die Aktivitäten der internationalen Organisationen zum Schutz der Menschenrechte bis zum gegenwärtigen Zeitpunkt kann man nach drei Gesichtspunkten differenzieren, *der Promotion, der Kontrolle* und *der Garantie.* Diese Unterscheidung gilt nur cum grano salis. Es ist nicht immer leicht, genau zu unterscheiden, wo Promotion endet und wo Kontrolle beginnt, wo Kontrolle aufhört und wo Garantie anfängt. Es handelt sich um ein Kontinuum, in dem wir aus Gründen didaktischer Zweckmäßigkeit die drei genannten Momente unterscheiden.* Unter Promotion versteht man die Gesamtheit der Handlungen, die auf das folgende, doppelte Ziel gerichtet sind: a) die Staaten, die noch keine gesonderten Regeln zum Schutz der Menschenrechte haben, zu deren Einführung zu bewegen; b) diejenigen Staaten, die sie bereits haben, zur Weiterentwicklung der Rechte zu bewegen, und zwar sowohl materiell (was Zahl und Qualität der schutzwürdigen Rechte angeht) als auch verfahrenstechnisch (die Zahl und Qualität der juristischen Kontrollen betreffend). Unter Kontrolle versteht man die Gesamtheit der Maßnahmen seitens der internationalen Organisationen, mit denen überprüft werden soll, ob und in welchem Grad die Konventionen eingehalten wurden. Zwei typische Beispiele für diese Kontrolle, beide bereits in den beiden zitierten Abkommen aus dem

* Zu einer Vertiefung der Problematik verweise ich auf zwei Studien von A. Cassese, *Il controllo internazionale sul rispetto della libertà sindacale nel quadro delle attuali tendenze in materia di protezione internazionale dei diritti dell' uomo,* in: *Comunicazioni e studi* des Instituts für internationales und ausländisches Recht der Universität Mailand, 1966, S. 293 ff., sowie *Il sistema di garanzia della Convenzione dell' Onu sull' eliminazione di ogni forma di discriminazione razziale,* in: *Riv. di diritto internazionale,* 1967, S. 270 ff. Vgl. auch die dort angeführte Bibliographie.

125

Jahr 1966 vorgesehen, sind die *Berichte*, die jeder einzelne Unterzeichnerstaat der Konvention über die Maßnahmen abgibt, die in seinem Bereich durchgeführt wurden, um die Menschenrechte in Übereinstimmung mit dem Abkommen zu schützen (vgl. Art. 40), sowie die *Kommuniqués*, durch die ein Staat einen anderen anklagt, wenn dieser die Pflichten, die ihm das Abkommen auferlegt, nicht erfüllt (vgl. Art. 41).* Unter den Bemühungen um Garantie (vielleicht wäre es besser, hier von Garantie im engeren, also im Sinne von Haftung, Gewährleistung zu sprechen) versteht man schließlich die Einrichtung einer richtigen internationalen Rechtsprechung, die an die Stelle der nationalen tritt. Zwischen den beiden ersten Formen, die Menschenrechte zu schützen, und der dritten besteht ein ganz klarer Unterschied. Während Promotion und Kontrolle sich ausschließlich auf bestehende Rechte oder auf deren Einrichtung innerhalb von Staaten beziehen, also die nationale Rechtsprechung ausbauen wollen, ist letztere auf die Schaffung einer neuen, höheren Justiz hin angelegt, nämlich auf die Ersetzung der nationalen durch die internationalen Schutzrechte, wenn diese innerhalb eines Staates unzureichend sind oder gar gänzlich fehlen sollten.

Bekanntermaßen ist diese Art von Garantie in der Europäischen Menschenrechtskonvention vorgesehen, die in Rom am 4. November 1950 unterzeichnet wurde und die am 3. September

* Diese Probleme werden mit großer Genauigkeit in einem Artikel von F. Capotorti behandelt: *Le Nazioni Unite per il progresso dei diritti dell' uomo. Risultati e prospettive*, Abschnitt 6 u. 7, in: *La Comunità internazionale XXII*, 1967, S. 11–35. Der Autor macht auf den Artikel 22 des ILO und auf Artikel VIII der UNESCO aufmerksam.

1953 in Kraft trat. Hierin ist die vollkommen neue Möglichkeit vorgesehen, als Individuum Eingaben an die Europäische Kommission für Menschenrechte zu machen (Art. 25)*. Es handelt sich um eine Neuerung, die bisher eine besonders avancierte Ausnahme im gegenwärtigen System der internationalen Garantien für die Menschenrechte darstellt. Dennoch kann man, bei Licht betrachtet, von einem internationalen Schutz der Menschenrechte nur sprechen, wenn es eine internationale Rechtsprechung gibt, die über der jeweiligen nationalen Rechtsprechung steht, und wenn sich der Übergang von den Garantien *innerhalb* eines Staates zu den Garantien *gegenüber* dem Staat vollzogen hat.

Man möge sich an den Kampf um die Menschenrechte innerhalb eines Staates erinnern, der mit der Errichtung der repräsentativen Staatsordnung einherging, das heißt mit der Auflösung der Staatsmacht im überkommenen Sinn. Historische Analogien sind immer mit Vorsicht zu gebrauchen, aber es ist gut möglich, daß der Kampf für die Durchsetzung der Menschenrechte auch gegen den Staat eine Veränderung in der Auffassung der Außenbeziehungen eines Staates zu anderen Staaten und eine Zunahme des repräsentativen Charakters der internationalen Organisationen voraussetzt, was, wenn auch langsam, tatsächlich bereits im Gange ist. Das Beispiel der Europäischen Menschenrechtskonvention lehrt, daß die internationalen Garantien dort am weitesten fortgeschritten sind, wo sie genaugenommen weniger notwendig sind. »Rechtsstaaten« nennen wir diejenigen Staaten, in denen ein ganzes System die Menschenrechte garan-

---

*Vgl. die Einleitung von G. Sperduti zu *La Convenzione europea dei diritti dell' uomo*, Schriften des Europarats, Straßburg 1962

tiert. Es gibt auf der Welt Rechtsstaaten und solche, die es nicht sind. Aber es sind eben diese, die am wenigsten bereit sind, Veränderungen in den internationalen Organisationen zu akzeptieren, die auf die Errichtung und die Funktionsfähigkeit eines umfassenden Schutzes für die Menschenrechte abzielen.

Drastisch ausgedrückt befinden wir uns heute beim internationalen Schutz der Menschenrechte in einer Phase, in der dieser Schutz dort, wo er vielleicht gar nicht so notwendig wäre, möglich ist, während er dort, wo er nötig wäre, am wenigsten möglich ist.

Über die juristisch-politischen Probleme hinaus stößt der Schutz der Menschenrechte auf Schwierigkeiten, die mit der Substanz dieser Rechte selbst zu tun haben. Es ist eigentlich erstaunlich, wie wenig man sich um diese Schwierigkeiten kümmert. Da die Mehrzahl der Menschenrechte inzwischen in das allgemeine moralische Empfinden eingegangen ist, meint man, ihre Anwendung sei ebenso einfach. Aber in Wirklichkeit ist dies außerordentlich kompliziert. Auf der einen Seite verführt die allgemeine Zustimmung zu dem Glauben, die Menschenrechte hätten einen absoluten Wert. Auf der anderen Seite macht die einheitliche und unspezifische Bezeichnung »Menschenrechte« glauben, es handele sich dabei um eine homogene Einheit. Die Menschenrechte sind jedoch mehrheitlich nicht absolut, und sie bilden auch keine homogene Gruppe von Rechten.

Der Begriff »absoluter Wert« bezeichnet einen *Status*, der nur den wenigen Menschenrechten zukommt, die in allen Situationen und unterschiedslos für alle Menschen gelten. Es handelt sich um einen privilegierten Status, der von der äußerst selten anzutreffenden Situation abhängig ist, in der fundamentale Rechte existieren, die nicht in Konkurrenz zu anderen fundamentalen Rechten stehen. Ausgangspunkt dieser Überlegung ist die offensichtliche Tatsache, daß man einer Personengruppe kein Recht zuerkennen kann, ohne das Recht einer anderen Gruppe zu limitieren. Das Recht, nicht versklavt werden zu können, impliziert beispielsweise das Verbot, Sklaven zu besitzen, und das Recht, nicht gefoltert zu werden, schließt das Verbot der Folter ein. Diese beiden Rechte können als absolut angesehen werden, weil die Handlungen, die in der Folge ihrer Einrichtung und ihres Schutzes als unzulässig gelten, universell verurteilt werden. Als Beleg dafür kann man die Europäische Menschenrechtskonvention anführen, in der beide Rechte ausdrücklich von den Sonderregeln ausgenommen sind, die im Kriegsfall oder bei Gefahr für die öffentliche Ordnung statt aller anderen (vgl. Art. 15, Abs. 2) gelten. In der Mehrzahl der Fälle, in denen es um ein Menschenrecht geht, stehen sich hingegen zwei fundamentale Rechte gegenüber, und man kann nicht das eine uneingeschränkt schützen, ohne das andere außer Kraft zu setzen. Ein Beispiel für diese These ist das Recht auf freie Meinungsäußerung auf der einen Seite und das Recht, nicht betrogen, aufgehetzt, beleidigt, geschmäht oder beschimpft zu werden, auf der anderen Seite. In diesen Fällen, die die Mehrheit darstellen, muß man von fundamentalen Rechten sprechen, die nicht absolut, sondern relativ sind. Ihr Schutz stößt an einem bestimmten Punkt an eine unüberwindliche Schranke: den Schutz eines anderen, auch wieder fundamentalen Rechtes. Da aber der Punkt, an dem ein Recht endet und ein anderes beginnt, äußerst schwierig zu bestimmen ist und zudem ganz unterschiedlich interpretiert werden kann, ist die Begrenzung eines fundamentalen Menschenrechtes extrem variabel und kann nicht ein für allemal festgelegt werden.

Einige Artikel der Europäischen Menschenrechtskonvention sind in zwei Abschnitte unterteilt, von denen einer das Recht formuliert, während der andere die zahlreichen Ausnahmen auflistet. Es gibt auch Situationen, in denen ein Menschenrecht überhaupt nicht durchgesetzt werden kann, weil das ihm entgegenstehende Menschenrecht die Oberhand behält, wie beispielsweise im Fall der Kriegsdienstverweigerung aus Gewissensgründen. Hier stellt sich die Frage, was grundlegender ist, das Recht, nicht zu töten, oder das Recht der Gemeinschaft, gegen einen äußeren Feind verteidigt zu werden. Auf der Grundlage welchen Kriteriums kann diese Frage entschieden werden? Aufgrund persönlichen Gewissens, des Wertesystems der Gruppe, der man angehört, des moralischen Bewußtseins der Menschheit in einem gegebenen historischen Moment? Und wem ist nicht bewußt, daß all diese Kriterien extrem unpräzise sind, zu unpräzise, um jenes Prinzip der Gewißheit anwenden zu können, das ein juristisches System braucht, um Recht und Unrecht unparteilich bestimmen zu können?

Wenn hier von den Menschenrechten als heterogener Kategorie die Rede ist, dann bezieht sich dies auf die Tatsache, daß sie von dem Moment an, da auch die sozialen Rechte als Menschenrechte anerkannt wurden, Rechte beinhalten, die miteinander inkompatibel sind, das heißt Rechte, die nicht geschützt werden können, ohne daß dadurch der Schutz anderer Rechte eingeschränkt oder aufgehoben wird. Man kann von einer freien und gerechten Gesellschaft träumen, in der weltweit die Freiheitsrechte und die sozialen Rechte verwirklicht sind, aber die wirklichen Gesellschaften, die wir vor Augen haben, sind um so freier, je weniger gerecht sie sind, und je gerechter sie sind, desto weniger frei sind sie. Damit kein Mißverständnis aufkommt: Hier werden die gegen den Eingriff des Staates garantierten Rechte »Freiheit« und jene Rechte, die einer Intervention des Staates zu ihrer Durchsetzung bedürfen, »Macht« genannt. Entgegen einer verbreiteten Meinung ergänzen sich Macht und Freiheit nicht, sondern sie sind inkompatibel. Die Gesellschaft, in der wir leben, ist durch immer größere organisatorische Effizienz charakterisiert, und wir erringen in ihr Tag für Tag ein wenig mehr Macht, die wir mit dem Verlust von Freiheit bezahlen. Die Unterscheidung zwischen den beiden Arten von Menschenrechten, deren vollständige und gleichzeitige Umsetzung unmöglich ist, wird im übrigen dadurch untermauert, daß ihr auch auf theoretischer Ebene zwei unterschiedliche Konzeptionen der Menschenrechte entsprechen, die liberale und die sozialistische.

Der Unterschied zwischen beiden Auffassungen besteht exakt in einer Überzeugung, die beide teilen. Danach muß man eine Entscheidung zwischen den beiden Typen von Rechten treffen, oder doch zumindest eine Rangordnung herstellen. Auch wenn beide Konzeptionen den Anspruch erheben, zu einer Synthese zu gelangen, so hat die Geschichte die Versuche aller Regimes, die dafür standen, widerlegt. Was wir uns von der Entwicklung beider Arten von Regimes erwarten können, ist keine endgültige Synthese, sondern im günstigsten Fall ein Kompromiß, also eine provisorische Synthese. Aber auf der Grundlage welcher Kriterien wird man einen Kompromiß suchen? Auch auf diese Frage gibt es keine Antwort, die die Menschheit der Gefahr entheben würde, Fehler mit tragischen Folgen zu begehen. Durch die Proklamation der Menschenrechte haben wir die grundlegenden Werte der menschlichen Zivilisation bis zum heutigen Tag deutlich sichtbar gemacht. Das stimmt, aber diese Werte sind gegenläufig, das ist das Problem.

Es war von den Schwierigkeiten die Rede, die von den Menschenrechten selbst herrühren, wenn man diese in ihrer Gesamtheit betrachtet. Nun ist noch eine Schwierigkeit hinsichtlich ihrer Umsetzung zu nennen. Nicht alles, was erstrebenswert ist, kann man auch realisieren. Zur Realisierung der Menschenrechte bedarf es objektiver Voraussetzungen, die außerhalb des guten Willens derer liegen, die diese Rechte proklamieren, und die auch nicht in der Macht derer stehen, denen der Schutz dieser Rechte aufgetragen ist. Auch der liberalste Staat steht vor dem Problem, in Kriegszeiten einige Freiheitsrechte einschränken zu müssen. Genauso kann der sozialistische Staat in Zeiten des Mangels keine vollkommen gerechte Verteilung garantieren. Das schreckliche Problem, mit dem sich die Entwicklungsländer heute konfrontiert sehen, ist bekannt: Sie befinden sich wirtschaftlich in einer Situation, die es ihnen, allen idealen Programmen zum Trotz, größtenteils nicht erlaubt, den Schutz der sozialen Rechte weiterzuentwickeln. Das Recht auf Arbeit entstand mit der industriellen Revolution und ist aufs engste mit deren Vollendung verknüpft. Es reicht nicht, dieses Recht zu begründen oder zu proklamieren. Es reicht noch nicht einmal, es zu schützen. Seine Umsetzung ist kein philosophisches, moralisches oder juristisches Problem. Es ist ein Problem, dessen Lösung von einer bestimmten gesellschaftlichen Entwicklung abhängt, und daher stellt es auch für die fortschrittlichsten Verfassungen

Artikel 27 (1) Jeder Mensch hat das Recht, am kulturellen Leben der Gemeinschaft frei teilzunehmen, sich der Künste zu erfreuen und am wissenschaftlichen Fortschritt und dessen Wohltaten teilzuhaben. (2) Jeder Mensch hat das Recht auf Schutz der moralischen und materiellen Interessen, die sich aus jeder wissenschaftlichen, literarischen oder künstlerischen Produktion ergeben, deren Urheber er ist.

Artikel 28 Jeder Mensch hat Anspruch auf eine soziale und internationale Ordnung, in welcher die in der vorliegenden Erklärung angeführten Rechte und Freiheiten voll verwirklicht werden können.

Artikel 29 (1) Jeder Mensch hat Pflichten gegenüber der Gemeinschaft, in der allein die freie und volle Entwicklung seiner Persönlichkeit möglich ist. (2) Jeder Mensch ist in Ausübung seiner Rechte und Freiheiten nur den Beschränkungen unterworfen, die das Gesetz ausschließlich zu dem Zwecke vorsieht, um die Anerkennung und Achtung der Rechte und Freiheiten der anderen zu gewährleisten und den gerechten Anforderungen der Moral, der öffentlichen Ordnung und der allgemeinen Wohlfahrt in einer demokratischen Gesellschaft zu genügen. (3) Rechte und Freiheiten dürfen in keinem Fall im Widerspruch zu den Zielen und Grundsätzen der Vereinten Nationen ausgeübt werden.

Artikel 30 Keine Bestimmung der vorliegenden Erklärung darf so ausgelegt werden, daß sich daraus für einen Staat, eine Gruppe oder eine Person irgendein Recht ergibt, eine Tätigkeit auszuüben oder eine Handlung zu setzen, welche auf die Vernichtung der in dieser Erklärung angeführten Rechte und Freiheiten abzielen.

Otto Kallscheuer
Menschenrechte als Fortschritt der Humanität
Norberto Bobbios skeptische Geschichtsphilosophie

>»Meine Grundüberzeugungen haben sich im letzten halben
>Jahrhundert nicht geändert: Ich bin weiterhin ein getreu an die
>Aufklärung Glaubender, ein Demokrat, ein Empirist in der
>Philosophie...«
>
>Norberto Bobbio, Interview zum 80. Geburtstag (1989)

I.

Die Szene spielt vor ein paar Jahren – ich glaube, es war 1991: Der Fach-
bereich Politische Wissenschaften der Universität Turin – die Professoren
sind zumeist Schüler oder Freunde des damals schon seit zehn Jahren
(seit 1979) emeritierten Rechts- und Philosophieprofessors Norberto
Bobbio – hatte beschlossen, nach dem Ende des europäischen Kommunismus ein internationales Theorieseminar zu veranstalten. Das Thema
hieß:»Marx nach der Sintflut«. Den Eröffnungsvortrag sollte Bobbio
übernehmen.

Das war durchaus im Geiste Bobbios: Der Emeritus hat sich zwar nie
als ›Marxologe‹ verstanden, hatte aber immerhin schon im Jahre 1949
Marxens (sog.»Pariser«) *Ökonomisch-Philosophische Manuskripte* ins Italienische übersetzt und kommentiert. Später verfaßte er neben Schriften
zu unabhängigen Marxisten wie Antonio Gramsci und Rodolfo Mon-
dolfo immer wieder Studien zur Dialektik bei Marx, zum Ideologiebegriff
und zur Frage der Existenz einer»marxistischen Staatstheorie«, etwa in
seinen Büchern *Da Hobbes a Marx* (1965) und den *Saggi sulla scienza
politica in Italia* (1969). In einer legendären Auseinandersetzung mit dem
kommunistischen Führer Palmiro Togliatti (und dem kommunistischen
Philosophen Galvano Della Volpe) rechnete Bobbio der marxistischen
Kritik an der westlichen Demokratieauffassung ihre begrifflichen Inkon-
stistenzen vor – nachzulesen in *Politica e cultura* (1955). Zwei Jahrzehnte
später wiederholte er dies auch für die eurokommunistische Auffassung
der ›kulturellen Hegemonie‹ als Alternative zur ›Diktatur des Proletariats‹
– in *Quale socialismo?* (1976). Also hielt Bobbio das Eingangsreferat des
Turiner Seminars: Was bleibt von Marx nach dem Kommunismus?[1]

Zunächst ein Terminproblem. Der parteilose Bobbio war schon seit einigen Jahren Senator auf Lebenszeit der italienischen Republik. Am selben Tag wie unser Marx-Seminar fand nun in Rom die gemeinsame Sitzung beider Häuser des italienischen Parlaments statt: Zum wiederholten Mal (und, wie sich heraustellte, auch an diesem Tag vergeblich) wurde der Versuch gemacht, einen neuen italienischen Staatspräsidenten zu wählen.

Zwar war nach allgemeiner Auffassung der scheidende Amtsinhaber Francesco Cossiga (natürlich ein Christdemokrat) durch seine unkontrollierbaren populistischen Invektiven längst zum Stabilitätsrisiko geworden, jedenfalls in der aktuellen Zuspitzung von Italiens »permanenter Krise«[2]. Aber es zeichnete sich kein neuer mehrheitsfähiger Parteienkanditat ab. In dieser Situation war nun in der liberalen Presse der Vorschlag aufgekommen, Norberto Bobbio, den großen, damals bereits zweiundachtzigjährigen Theoretiker des demokratischen Rechtsstaates, zum Präsidenten der Republik zu wählen – und diese Idee war sofort auf Zustimmung gestoßen, insbesondere bei Parlamentariern der parteipolitischen Linken. Bobbio selbst, der sich stets eher als Forscher begriff denn als Mann der Tat, hielt dies aus prinzipiellen, aber natürlich *auch* aus Altersgründen für eine »völlig unverantwortliche« Idee, wie er erbost in Gesprächen und Interviews schimpfte.

Ärgerlich war zudem, daß Bobbio damit seine Einleitung zu unserem Marx-Seminar beendete: Nun *mußte* er nach Rom in den Senat (natürlich, um einen *anderen* Kandidaten zu wählen), konnte also an der Diskussion nicht mehr teilnehmen. Und ein Streit über Marx – keiner von Bobbios persönlichen Lieblingsphilosophen,[3] aber gewiß einer seiner Problemautoren, ähnlich wie vielleicht auf der Gegenseite Carl Schmitt – ist jeder Parlamentssitzung vorzuziehen (ganz zu schweigen von den repräsentativen Würden eines Staatspräsidenten). So begleiteten wir den alten Herrn zum Taxi … und der *Senatore a vita* Bobbio war rechtzeitig zur Stimmabgabe in Rom. Am Ende, einige Abstimmungen weiter, wurde dort natürlich wieder ein Christdemokrat Präsident. Soviel zur Verantwortungsethik.

Wer Bobbio nie persönlich erlebt hat, dem wird es schwerfallen, derartige Äußerungen nicht als Höflichkeit oder Koketterie mißzuverstehen. Doch sie sind keinesweg neu. Den Nachkriegsjahrgang der *Rivista di filosofia*, zu deren Redaktion Bobbio seit 1935 gehört, eröffnete er mit folgenden Worten: »Nach dem Abschluß einer für die Menschheitsgeschichte entscheidenden Periode – nach einer Zeit, in der der Philosoph, wie jeder andere Mensch, seine ihm teuersten Probleme beiseite lassen mußte, um sich mitten in den Kampf zu begeben, sei es zur Verteidigung der höchsten ethischen Werte, sei es ganz einfach zur Verteidigung seiner Person, seiner Familie und seines Heims – muß der Philosoph mit erhöhtem Ernst zu seinen spezifischen Problemen zurückkehren. Er sollte dies mit einem durch unzählige Erfahrungen und Schmerzen verständnisvoller und aufrichtiger gewordenen Sinn tun, mit einem tieferen Bewußtsein seiner eigenen Aufgabe und Verantwortung.«[4]

II.

Wie zahlreiche seiner Freunde aus dem intellektuellen Umfeld des ›Liberalsozialismus‹ und der ›Aktionspartei‹ hatte sich auch Bobbio nur aus dem Gefühl moralischer Pflicht der politischen Aktion zugewandt und dem antifaschistischen Widerstand angeschlossen. Sobald Faschismus und deutsche Besatzung abgeschüttelt waren, kehrte er sofort zur Philosophie zurück, ohne deshalb vom Einsatz für *Italia civile* (1964) – ein »Italien des Bürgersinns« – abzulassen. In Politik und Massenmedien (erst recht in der italienischen politischen Rhetorik) werden gerade die Unterschiede verwischt, auf denen Bobbio – begrifflich, theoretisch, moralisch – immer wieder bestanden hat: zwischen Demokratie und Diktatur, zwischen dem Klassencharakter eines Staates (seinem sozialen Inhalt) und seiner Regierungsform, zwischen negativer Freiheit der Nichtbehinderung und positiver Freiheit der Selbstbestimmung.[5] In Buchtiteln ausgedrückt: die Differenz zwischen *Politica e cultura* (1955), zwischen *Liberalismo e democrazia* (1988), und zwischen *Rechts und links* (1994) ... Viele seiner gefürchteten Zeitungsartikel in der Turiner Tageszeitung *La Stampa* sind Lektionen im öffentlichen Vernunftgebrauch, in denen der emeritierte Professor den Leitartikel zum Katheder macht, in Buchform gesammelt in *Le ideologie e il potere in crisi* (1981), *L'utopia capovolta* (1990), *Una guerra giusta?* (1991). Und es sollten gerade diese auf elementaren Differenzen beharrenden eindeutigen Definitionen und klaren Distinktionen sein, die Bobbios unbestreitbares politisches Ansehen begründeten.

Auch seine politischen und intellektuellen ›Helden‹ waren keine ›organischen Parteiintellektuellen‹: Antonio Gramscis Freund Piero Gobetti (1901–1926), der früh an den Folgen ständiger faschistischer Schikanen gestorbene Säulenheilige der liberalen Sozialisten Turins, war ein jugendliches Genie und publizistisches Multitalent: Verleger, Kulturkritiker,

Schriftsteller, Philosoph, Historiker, Journalist... aber alles andere als ein Politiker. Und im letzten Jahrhundert wurde Carlo Cattaneo (1801–1869), der empiristische Aufklärer und föderalistische Theoretiker der italienischen Freiheitsbewegung, sozusagen wider Willen zum Anführer der berühmten »Fünf Tage« von Mailand (1848), der Revolte gegen die Habsburger Fremdherrschaft. Auch Cattaneos Interesse galt eher dem intellektuellen und industriellen Fortschritt als der politischen Aktion. In seiner berühmten Zeitschrift *Il Politecnico* widmete er sich »angewandten Forschungen zur sozialen Wohlfahrt und Kultur«.

Bereits 1945 hatte Bobbio die »Vereinigten Staaten Italiens«, eine Anthologie von Cattaneos föderalistischen Schriften publiziert. Später hat er dessen philosophische Schriften in drei Bänden herausgegeben (1960), und schließlich widmete er ihm sein vielleicht persönlichstes und schönstes Buch: *Una filosofia militante* (1971). Mit Cattaneo befreite sich Bobbio auch vom Idealismus Benedetto Croces.

Unmittelbar nach dem Krieg beteiligte sich Bobbio am interdisziplinären Dialog zwischen Philosophie, Sozial- und Naturwissenschaften im Turiner Zentrum für methodologische Forschung. Jetzt konnten ihn Existentialismus und Phänomenologie nicht mehr befriedigen, mit denen sich seine ersten Veröffentlichungen befaßt hatten, wie *La filosofia del decadentismo* (1944), aber auch zahlreiche Artikel zu Husserl, Heidegger, Jaspers und Scheler in der *Rivista di filosofia*. In seiner Wahrnehmung der ›atomaren Situation‹ und der ethischen Ambivalenz von Wissenschaft und Technik hat Bobbio freilich bis heute eine durchaus ›existentialistische‹ Sensibilität behalten.

Unter dem Einfluß der ›reinen Rechtslehre‹ Hans Kelsens und dann des Oxforder analytischen Rechtsphilosophen Herbert L. Hart wandte sich Bobbio der logischen und soziologischen, später funktionalen Analyse des Rechtes als Wirklichkeitswissenschaft zu, dem sogenannten »Rechtspositivismus«. Von nun an besteht er auf der Unterscheidung zwischen Recht und Moral, von analytischer Rechtstheorie und moralischer Beurteilung des Rechts.[6] Als Moralist und engagierte Bürger sieht sich Bobbio in der Tradition der Freiheitsideale der Aufklärung: des Liberalen Locke, des Republikaners Rousseau, der von Kant versuchten Synthese. Als politischer und Rechtstheoretiker hingegen bleibt Bobbio mit der Tradition der realistischen Theorie der Politik Vilfredo Paretos, mit der Weberschen Soziologie und der reinen Rechtslehre Hans Kelsens verbunden. Thomas Hobbes ist vielleicht deshalb *der* Klassiker Bobbios, weil auf ihn sowohl das rationalistische Naturrecht als auch die realistische Politikauffassung zurückgeführt werden können: Nach Bobbios treffend paradoxer Formulierung gehört Hobbes *de facto* zur Geschichte des modernen Naturrechts, *de jure* kann er hingegen als ein Vorläufer des Rechtspositivismus gelten. Der programmatische Titel *Una filosofia militante* war 1971 zugleich Bobbios Antwort auf den militanten Aktionismus der radikalen studentischen Linken. Mit dieser hatte der in der FIAT- und Universitätsstadt Turin, einer der Hochburgen der Arbeiterkämpfe des italienischen ›heißen Herbstes‹, lehrende Professor Bobbio heftige Konflikte. Die Haltung Bobbios gegenüber der 68er Bewegung ähnelte Max Webers Haltung im Revolutionswinter von 1919, wie sie in dessen berühmter Rede *Wissenschaft als Beruf* zum Ausdruck kommt: Die ›Militanz‹ der Philosophie – d. h. ihre ureigenste ›politische Arbeit‹ – liegt nicht in der Aktion, sondern in ihrer Öffnung zur ›Wirklichkeitswissenschaft‹ (Max Weber), der methodischen Analyse von politischen Institutionen, von sozialen und Rechtsnormen.[7]

III.

Die hier zusammengestellten Aufsätze des Turiner Philosophen aus dem letzten Vierteljahrhundert führen mehrere zentrale Themen Bobbios weiter. Sie lassen sich zum einen lesen als spezifische Anwendung der von Bobbio in mittlerweile klassischen Büchern – *Da Hobbes a Marx* (1965), *Società e stato nella filosofia politica moderna* (1979), *Stato, governo, società* (1985) – entwickelten analytischen Methode der politischen Ideengeschichte auf die historisch vergleichsweise junge Thematik der Menschenrechte. Zum anderen stellt dieses Buch auch eine Konsequenz seiner Arbeiten zur internationalen Politik dar – von seinen föderalistischen Schriften der vierziger Jahre bis zu *Il problema della guerra e le vie della pace* (1979) und *Il terzo assente* (1989). Im Anschluß an Kant reflektiert Bobbio über die »Bedingungen der Möglichkeit« für einen weltpolitischen Prozeß, der den im internationalen, zwischenstaatlichen Bereich immer noch geltenden Hobbesschen »Naturzustand« zu überwinden vermöchte.

Die Problematik der Menschenrechte läßt sich für Bobbio nur als Schnittstelle mehrerer Fragestellungen begreifen: Die historisch-politische Analyse untersucht ihr Aufkommen und ihre allmähliche Verbreitung. Die rechtsphilosophische Interpretation untersucht ihre moralischen wie positiven Geltungsbedingungen – und die des ihnen normativ korrespondierenden »individualistischen« Modells politischer Legitimität

[S. 53 f.]. Sie fragt auch nach den möglichen Widersprüchen zwischen den verschiedenen juristischen »Generationen« der Menschen- und Grundrechte, also zwischen liberalen Freiheitsrechten, demokratischen Teilhaberrechten, wirtschaftlichen, sozialen, kulturellen Rechten. Schließlich muß die internationale oder weltpolitische Analyse die ordnungspolitische Frage der Sicherung der Menschenrechte durch zwischenstaatliche Vereinbarungen oder überstaatliche Institutionen klären. Dabei kommt sie nicht umhin, die nationalstaatliche Organisationsform der Rechtsetzung mit der dieses Modell transzendierenden regulativen Idee eines »weltbürgerlichen Zustands« zu konfrontieren.

Die in *Das Zeitalter der Menschenrechte* mehrfach angesprochene geschichtsphilosophische Dimension betrifft alle diese Fragestellungen: Bobbio sieht in den Menschenrechten nicht nur einen der wesentlichen Indikatoren des historischen Fortschritts, sondern charakterisiert den Übergang vom Holismus zum Individualismus in der politischen Theorie, d.h. den Wandel der Blick- und Fragerichtung von der Gesamtgesellschaft hin zum Individuum oder vom Gesichtspunkt der Regierenden hin zu dem der Regierten, als ›kopernikanische Revolution‹ [S. 49]. Und überraschenderweise – jedenfalls für einen Rechtspositivisten – spricht Bobbio eine Thematik an, die in das Arsenal der idealistischen oder materialistischen »großen Erzählungen« (Jean-François Lyotard) zu gehören scheint, nämlich die Frage nach dem »Sinn der Geschichte« [S. 39].

Damit widerspricht er nicht nur dem einst von Benedetto Croce auf den Marxismus gemünzten Verdikt vom Ende der Geschichtsphilosophie, sondern auch dem aktuellen Zeitgeist von Postmoderne und neoliberalem »posthistoire«. Aus der heutigen philosophischen Debatte sind geschichtsphilosophische Überlegungen fast völlig verschwunden – während umgekehrt im Feuilleton und im tagespolitischen Geschäft die Kurzschlüsse vom »Ende der Geschichte«, der »Utopie«, vom *clash of civilizations* und dem Untergang des Abendlandes u.ä. geradezu inflationär überhandnehmen. Bobbios Verteidigung eines um seine »heilsgeschichtlichen« (Karl Löwith) Traditionen beschnittenen ethischen Fortschrittsbegriffs steht daher als *indirekt* geschichtsphilosophische Reflexion dem philosophischen wie dem politischen Zeitgeist gleichermaßen kritisch gegenüber.[8]

Ist aber die Fortschrittsidee nicht ohnehin sinnlos? Schließlich »stirbt der einzelne Mensch, andere einzelne Menschen gehen desselben Weges. Im physischen vervollkommnet sich die Natur nicht, und sie sollte im moralischen sich vervollkommnen? Und diese Fortrückung wäre sogar das Ziel, die letzte Bestimmung unseres Geschlechtes?« Worin aber könnte

ein – nicht physischer, sondern moralischer – Fortgang des Menschenge-
schlechts bestehen:»Wird das menschliche Geschlecht besser? Besser in
Neigungen, besser in Grundsätzen?«[9] Wie Johann Gottfried Herder, dem
wir diesen Einwurf gegen die Idee der»Vervollkommnung« des Men-
schengeschlechts verdanken, macht auch Bobbio die»Sinnfrage« an der
Deutung menschlicher Handlungen als sinnhafter, intentional auf Ziele
orientierter Vollzüge fest.»Der Mensch ist ein teleologisches Tier, und
gemeinhin agiert er mit Orientierung auf künftige Ziele.« [S. 40] Die
klassische Geschichtsphilosophie bestand freilich in der Übertragung
einer teleologischen Interpretation menschlichen Handelns vom Einzel-
menschen auf die gesamte Gattung. Bobbio weiß, daß darin die Gefahr
von Kompositionsfehlschlüssen liegt. Noch einmal der skeptische Aufklärer Herder:»Soll und kann der Mensch mehr als Mensch, ein Über und
Außermensch werden? Das soll und kann er nicht, das hoffet und wün-
schet von uns niemand.«

IV.

»Die Frage, ob das menschliche Geschlecht im beständigen Fortschreiten
zum Besseren sei«, die Immanuel Kant 1798 im *Streit der Fakultäten* ausdrücklich als zur»wahrsagenden Geschichtserzählung« gehörig bezeich-
nete, läßt sich nicht rein wissenschaftlich, d.h. empirisch beantworten.
Der Fortschritt der Menschheit liegt nicht in ihrer moralischen Verbesse-
rung, sondern auf der Seite der Legalität: in der»Idee einer mit dem natürlichen Rechte der Menschen zusammenstimmenden Constitution«, die,
durch die französiche Revolution einmal in die Welt gesetzt, nicht wieder
vergessen werden kann und unweigerlich zur»Wiederholung neuer Versuche dieser Art« führen werde.[10] Diesen Kantischen Gedanken, den
Fortschritt an der Rechtsentwicklung festzumachen und den Grad der
internationalen Verwirklichung der Menschenrechte als»Indikator des
historischen Fortschritts« zu begreifen, braucht nun auch eine skeptische
Geschichtsauffassung keineswegs preiszugeben.
    Die skeptische Revision der fortschrittlichen Geschichtsphilosophie
ist denkbar einfach: Der weltbürgerliche Zustand wurde zwar von Kant
als *Endziel* der Menschengeschichte begriffen, doch viel naheliegender
ist es, die Durchsetzung der Menschenrechte zugleich als *Mittel* zu begreifen, als institutionellen Rahmen zum Schutz elementarer Bedingungen der
Menschenwürde. Bobbios Haltung ähnelt hier eher der amerikanischen

Philosophie des Pragmatismus als der Tradition des deutschen Idealismus, denn nach dem Abschied von der teleologischen Metaphysik und ihrer transzendentalen Nachfolger gibt es etwa für John Dewey kein Endziel mehr, sondern nur noch »anvisierte Ziele« – *ends-in-view*: Ziele, die gleichzeitig Mittel sind, situations- und kontextabhängige regulative Ideen.[11] Die Menschenrechte sind damit kein primär philosophisches Problem mehr. Es geht nicht mehr darum, einen unabweisbaren Grund für die Menschenrechte zu finden, sondern darum, diese heute von der Mehrzahl der Regierungen der Welt offiziell anerkannten Rechte zu schützen, ja sie in zahlreichen Ländern erst einmal durchzusetzen. Denn: „Menschenrechte tragen ein Janusgesicht, das gleichzeitig der Moral und dem Recht zugewandt ist. Ungeachtet ihres moralischen Inhalts haben sie die Form juristischer Rechte.«[12] Wenn sie aber als Rechtsnormen nur von Staaten oder staatlichen Abkommen garantiert werden können, dann besteht eine internationale Politik der Menschenrechte zwangsläufig im Versuch, möglichst viele Staaten verschiedener Kulturen und politischer Systeme auf minimale, aber garantierte gemeinsame Grundrechtsnormen zu verpflichten. Wichtiger als eine theoretisch einheitliche Begründung von Menschenrechten ist daher ein auch international bzw. interkulturell verschiedene Betrachtungs- und Begründungsweisen »übergreifender Konsens« (John Rawls) – der freilich ohne eine wachsame internationale Öffentlichkeit, ohne eine von Kampagnen und Nicht-Regierungsorganisationen getragene »Menschenrechtskultur« (Richard Rorty) immer wieder verkrusten oder zerbrechen wird.[13]

Bereits die UNO-Erklärung der Menschenrechte war »die Frucht mehrerer Ideologien: die Begegnung und die Übereinkunft verschiedener Menschenbilder und Gesellschaftsauffassungen«.[14] Mit dem Beginn des Kalten Krieges waren beispielsweise Konflikte auf den entsprechenden UNO-Beratungen (1946–1948) zwischen vom Westen betonten liberalen Bürger- und demokratischen Beteiligungsrechten einerseits, und den vom sozialistischen Block hervorgehobenen wirtschaftlichen, sozialen und kulturellen Rechten andererseits vorprogrammiert. Als Rückzugslinie zur Ausklammerung von Gegensätzen fungierte dabei meist die Formel von der nationalen Souveränität. Heute, beim Ringen um einen auch über die westliche (christlich säkularisierte) Kultur hinausreichenden – d.h. auch buddhistische, konfuzianische, islamische Welt- und Menschenbilder einbeziehenden – interkulturellen Menschenrechtsdiskurs, sollte wenigstens dieser Fehler, die territorialstaatliche Hoheit zur (›faulen‹) Kompromißlinie zu machen, nicht wiederholt werden.

V.

Fortschritte der Humanität bestehen damit »nur« noch darin, unter gewandelten geschichtlichen Bedingungen die Menschenwürde institutionell zu schützen. Rechtsfortschritte – skeptisch betrachtet – verwirklichen kein (vom Schöpfer, der Natur oder der Vernunft) vorgegebenes *telos* des Menschen (oder der Gattung), sondern wehren Freiheitsbedrohungen ab. Dieser Verzicht auf ein teleologisches Endziel der Menschheitsentwicklung erlaubt es eher, die faktische Entwicklung der Menschenrechte seit dem Ende des Zweiten Weltkrieges zu begreifen und zu bewerten. Diese läßt sich nämlich, wie Bobbio nachweist, keineswegs aus einem in der Natur des Menschen festgelegten *set* von Eigenschaften ableiten. Sie ist aber gerade darum, wie ich abschließend an meinem Beispiel unterstreichen will, auch nicht widerspruchsfrei.

Bobbio unterscheidet im Kapitel » Menschenrechte und Gesellschaft« zwei Entwicklungstendenzen der Menschenrechte: zum einen ihre Universalisierung, um die es mir im Folgenden geht, zum anderen ihre Multiplizierung in Konventionen und Erklärungen spezifischer Kategorien- oder Gruppenrechte. In die Richtung der Universalisierung der Menschenrechte weisen die Bestrebungen, allen Menschen unabhängig von ihrer Nationalität (und vor allem auch gegenüber ihren jeweiligen Staaten) bestimmte elementare Grundrechte zu sichern – *habeas corpus*, Bewegungs-, Versammlungs-, Meinungs-, Religionsfreiheit. *Idealiter* läßt sich diese Universalisierungstendenz durchaus mit den Kantischen Kategorien fassen: der (auf dem Wege nicht allein zwischenstaatlicher Vereinbarungen, sondern überstaatlicher Rechtsinstitutionen anzustrebende) ideale Endzustand wäre, wie das »Jus cosmopoliticum« in *Zum ewigen Frieden*, ein Weltbürgerrecht, das allen Menschen als Menschen unabhängig von ihrer Staatszugehörigkeit zukommt. Es müßte von der internationalen Gemeinschaft auch gegen einzelne Staaten verteidigt werden.

Die beiden regulativen Prinzipien, auf die die heutige internationale Rechtsordnung aufbaut, treten jedoch häufig in Widerspruch zueinander: das Prinzip staatlicher Souveränität und Territorialität und der universelle Anspruch der Menschenrechte. Universelle Menschenrechte als Rechte durchzusetzen, könnte ja bedeuten, sie gegenüber Staaten, die sie verletzen, durch Intervention der Staatengemeinschaft geltend zu machen – während das Prinzip der staatlichen Souveränität und Territorialität eine solche Intervention in das staatliche Hoheitsgebiet gerade verbietet.[15] In der Regel wird darum heute die Verletzung der Menschenrechte nur dann bekämpft, wenn sie mit der Verletzung der staatlichen Territorialität einhergeht.

Dieser Widerspruch – im letzten Golfkonflikt handgreiflich faßbar in der unterschiedlichen Haltung der westlichen Allianz gegenüber der irakischen Verletzung der territorialen Souveränität des Staates Kuwait einerseits und der Menschenrechte der staatenlosen kurdischen Nation andererseits – liegt im Umstand begründet, daß »die Menschenrechte ihre Gültigkeit nur im Staate und als Rechte des Deutschen, des Engländers oder des Menschen welcher Nationalität auch immer zu realisieren vermögen. Den Menschen an und für sich, den Menschen als solchen, dem Menschenrechte zuerkannt werden könnten – diesen Menschen gibt es bislang noch nicht. Allein als staatlich geschützte Rechtsperson und damit als Bürger eines partikulären Gemeinwesens gelangt er in den Genuß jener universell behaupteten, jedoch nur nationalstaatlich durchsetzbaren Menschenrechte«.[16] Staatenlose Völker, *displaced persons*, Kriegsflüchtlinge haben heute noch keinen rechtlich erzwingbaren Anspruch auf Achtung und Wahrung ihrer universellen Menschenrechte – obwohl diese doch über die Grenzen der Staaten hinaus Geltung beanspruchen. Private weltbürgerliche Organisationen (wie Amnesty International) oder die schwachen Kompetenzen des UNO-Hochkommissariats für Flüchtlinge sind daher in ihrem Wirken immer noch abhängig vom Grad an »Einmischung in die inneren Angelegenheiten«, den die völkerrechtlich souveränen Nationen zulassen. *Contradictio in adjecto?* Der Weg zum überstaatlichen »Jus Cosmopoliticum« ist auf zwischenstaatliche Vereinbarungen gebaut – und damit prekär, sowie in jeder internationalen und nationalen Krise erneuten Gefährdungen ausgesetzt.

Ich habe diesen logisch unauflösbaren, aber praktisch auf dem Wege internationaler, zwischenstaatlicher und regionaler Vereinbarungen und Institutionen abzumildernden Widerspruch zwischen universellem moralischen Anspruch und territorialstaatlicher Durchsetzung der Menschenrechte hier stärker betont als Bobbio. Womöglich hat er hier eine Inkohärenz nicht bemerkt oder doch in ihrer Dramatik nicht genügend unterstrichen, die mit dem historischen Prozeß der Entkolonialisierung und mit dem Zerfall des ehemals kommunistischen Blocks verbunden ist. Bobbio zählt nämlich auch das 1960 in der »Erklärung über die Gewährung der Unabhängigkeit an die kolonial beherrschten Länder und Völker« (Art. 2) proklamierte Recht auf nationale Selbstbestimmung zu den Menschenrechten. Natürlich weist er auf den Unterschied zwischen »Nichtdiskriminierung eines Individuums« und »kollektiver Autonomie«

hin – die erste Aussage betrifft einzelne Individuen, die zweite ein ganzes Volk. Ich würde aus ebendiesem Grund das Prinzip der nationalen Selbstbestimmung *nicht* zu den Menschenrechten zählen, wenngleich es mir auf die Terminologie dabei nicht ankommt. Wenn man dies aber tut, wenn man also in der Tradition der Französischen Revolution auch das Recht auf Souveränität einer *nation une et indivisible* zu den »unveräußerlichen Menschenrechten« zählt, dann sind die Menschenrechte selbst in sich widersprüchlich. Will man diesen logischen Widerspruch nicht zulassen, so muß man eine Rangordnung zwischen individuellen und nationalen Rechten einführen – und wie mir scheint, ist dies im Grunde auch die Auffassung Norberto Bobbios. Das Recht eines wie auch immer definierten nationalen Kollektivs – des kroatischen oder serbischen Volkes – auf nationalstaatliche Selbstbestimmung kann sehr wohl mit den Menschenrechten von Individuen ihres Territoriums in Konflikt geraten: und in diesem Falle haben vom universalistischen, weltbürgerlichen Standpunkt aus die individuellen Menschenrechte normativen Vorrang vor dem wie auch immer motivierten Bedürfnis nach nationaler Staatlichkeit.

VI.

Was bleibt vom Fortschritt nach der Sintflut? Der Konflikt um Rechtsansprüche. Und ein alter kategorischer Imperativ: »alle Verhältnisse umzuwerfen, in denen der Mensch ein erniedrigtes, ein geknechtetes, ein verlassenes, ein verächtliches Wesen ist« (Karl Marx).

1 Die Beiträge des Seminars, inklusive Bobbios Einführung, wurden in *Teoria politica* (Jg. IX., N. 2/1993) veröffentlicht.

2 So hatte Bobbio das politische System der ›ersten Republik‹ definiert: »La crise permanente«, in: *Pouvoirs*, N. 18/1981.

3 Zu »seinen« Autoren zählt Bobbio fünf Klassiker der politischen Moderne »vor dem durch Marx bewirkten Bruch der Tradition des rationalistischen politischen Denkens«: Hobbes, Locke, Rousseau, Kant und Hegel; sowie fünf Zeitgenossen im weiteren Sinne: Croce, Cattaneo, Kelsen, Pareto und Weber. Siehe Bobbios Vorwort zur Bibliographie seiner Schriften: C. Violi, *Norberto Bobbio: 50 anni di studi. Bibliografica degli scritti 1934–1983*, Mailand 1984.

4 »Premessa«, in: *Rivista di Filosofia*, Jg. 37 (1946), S. 3.

5   Bobbios Artikel »Della libertà dei moderni comparata a quella dei po-
steri« (1954), in: *Politica e cultura*, XI. Kapitel, mit I. Berlins Vorlesung »Two
concepts of liberty« (1958), dt. in: *Freiheit. Vier Versuche*, Frankfurt/M. 1995.
6   H.L.A. Hart, *The Concept of Law*, Oxford 1961.
7   Siehe L. Bonanate/ M. Bovero (Hrsg.), *Per una teoria generale della politica. Scritti dedicati a Norberto Bobbio*, Florenz 1987; E. Lanfranchi, *Un
filosofo militante*, Turin 1989. Zur Gegenwartsdiagnose vgl. meine aus-
führlichen Gespräche mit Bobbio, das zweite gemeinsam mit Peter Glotz:
»Krise des Marxismus oder Krise der Demokratie?«, in: *Prokla*, N. 41 (H.
4/1980); »Die gefährdete Utopie der Demokratie«, in: *Die neue Gesell-
schaft/Frankfurter Hefte*, N. 10/1989 (in derselben Ausgabe auch Perry
Andersons Aufsatz über »Bobbios intellektuelle Wahlverwandtschaften«).
8   Vgl. J.F. Lyotard, *La condition postmoderne*, Paris 1979; L. Niethammer,
Posthistoire, Reinbek 1989; F. Fukuyama, *Das Ende der Geschichte*, München 1992; P. Anderson, *Zum Ende der Geschichte*, Hamburg 1993;
H. Nagl-Docekal (Hrsg.), *Der Sinn des Historischen*, Frankfurt/M. 1996.
9   J.G. Herder, *Briefe, die Fortschritte der Humanität betreffend* (1972), in:
Werke, Bd. 7 (hrsg. von H.D. Irmscher), Frankfurt/M. 1991, S. 801–803.
Dort auch das nächste Herder-Zitat.
10 I. Kant, *Werke*, hrsg. v. d. Kgl. Preuß. Akad. d. Wiss., Berlin 1902–1914,
Bd. VII, S. 83–85.
11 H. u. R. Putnam, »Epistemology as Hypothesis« (1990), jetzt in: dies.,
Words and Life, Cambridge 1994.
12 J. Habermas, »Der interkulturelle Diskurs über Menschenrechte«,
Frankfurter Rundschau, 4. Febr. 1997.
13 J. Rawls, *Die Idee des politischen Liberalismus*, Frankfurt/M. 1992
(5. Kapitel); R. Rorty, »Menschenrechte, Vernunft und Empfindsamkeit«,
in: *Transit*, N. 7/1994.
14 A. Cassese, *I diritti umani nel mondo contemporaneo*, Rom/Bari 1988,
2. Kapitel (hier S. 41).
15 Ein ideales Konzept des Völkerrechts, in dem sich »wohlgeordnete« liberale und hierarchische Länder auf eine von vornherein auf die Achtung der
Menschenrechte eingeschränkte Version der Souveränität einigen, hat John
Rawl in seiner ›Oxford Amnesty Lecture‹ entworfen: »Das Völkerrecht«, in:
St. Shute/S. Hurley, *Die Idee der Menschenrechte*, Frankfurt/M. 1996.
16 D. Diner, *Der Krieg der Erinnerungen und die Ordnung der Welt*, Berlin
1991, S. 13. Für die klassische Formulierung dieser »Aporien der Menschenrechte« s. Hannah Arendt, *Elemente und Ursprünge totaler Herrschaft*, München 1986, S. 452–470.

Politica e cultura, Turin 1955 (Zahlreiche Neuauflagen: 1974, 1977, 1981).
Da Hobbes a Marx, Saggi di storia della filosofia, Neapel 1965.
Una filosofia militante. Studi su Carlo Cattaneo, Turin 1971.
Quale socialismo?, Turin 1976 (zahlr. Neuaufl.).
Il problema della guerra e le vie della pace, Bologna 1979.
Studi hegeliani. Diritto, società civile, stato, Turin 1981.
Il futuro della democrazia, Turin 1984 (zahlr. Neuaufl.).
–   deutsch: *Die Zukunft der Demokratie*, Berlin 1988.
Stato, governo, società. Per una teoria generale della politica, Turin 1985.
Liberalismo e democrazia, Mailand 1988.
Thomas Hobbes, Turin 1989.
Il terzo assente. Saggi e discorsi sulla pace e la guerra, Turin 1989.
L'età dei diritti, Turin 1990 (zahlr. erw. Neuaufl.).
Una guerra giusta? Sul conflitto del golfo, Venedig 1991.
Destra e sinistra, Rom 1994 (zahlr. Neuaufl.).
–   deutsch: *Rechts und links*, Berlin 1994.
Tra due repubbliche. Alle origini della democrazia italiana, Rom 1996.
De senectute, Turin 1996.
–   deutsch: *Vom Alter – De senectute*, Berlin 1997.

Die Originalausgabe erschien 1990 unter dem Titel *L'età dei diritti* bei
Giulio Einaudi editore, Turin.
Die für diese deutsche Ausgabe ausgewählten Aufsätze
erschienen zuerst:
–   *Gegenwart und Zukunft der Menschenrechte*
    (Presente e avvenire dei diritti dell'uomo), in: La comunità internazio-
    nale, XXIII, 1968, S. 3–18
–   *Das Zeitalter der Menschenrechte (L'età dei diritti)*, in: Norberto Bobbio,
    Il Terzo assente. Saggi e discorsi sulla pace e sulla guerra, Turin 1989,
    S. 112–125
–   *Menschenrechte und Gesellschaft (Diritti dell' uomo e società)*, in: Socio-
    logia del diritto, XXVI, 1989, S. 15–27
–   *Gründe für die Toleranz (Le ragioni della tolleranza)*, in: C. Boni (Hrsg.),
    L'intolleranza: uguali e diversi nella storia, Bologna 1986, S. 243–257

Vom gleichen Autor

Vom Alter – De senectute
Ein leises und weises, verständliches und verständiges Buch darüber, wie
wir leben und alt werden. Verfaßt von einem großen Alten, dem bedeu-
tendsten politischen Philosophen Italiens. *»Norberto Bobbio erteilt uns
zum Ende seines Lebens hin noch einmal eine bewegende Lektion in der Kunst
des Abschiednehmens.«* DEUTSCHLANDFUNK
Aus dem Italienischen von Annette Kopetzki
SVLTO. Rotes Leinen. 128 Seiten

Rechts und Links
Gründe und Bedeutungen einer politischen Unterscheidung
Rechts und Links, Freiheit oder Gleichheit – ein grundlegender Essay
über unsere politische Zukunft. *»Für diese italienische Einmischung, mit
Lust am Demokratischen, mit Leidenschaft gegen die Denunziation von De-
mokratie als Gleichmacherei, kann man nur dankbar sein.«* DIE ZEIT
Aus dem Italienischen von Moshe Kahn
WAT 311. 96 Seiten

Wenn Sie mehr über den Verlag und seine Bücher wissen möchten, schrei-
ben Sie uns eine Postkarte. Wir schicken Ihnen gern die *ZWIEBEL*, unseren Westentaschenalmanach mit Lesetexten aus den Büchern, Photos und
Nachrichten aus dem Verlagskontor. *Kostenlos, auf Lebenszeit!*

Verlag Klaus Wagenbach, Ahornstraße 4, 10787 Berlin

© 1990 und 1992 Giulio Einaudi editore s.p.a., Torino. © 1998 für die deutsche Übersetzung: Verlag Klaus Wagenbach, Ahornstraße 4, 10787 Berlin. Einbandgestaltung von Groothuis+Malsy, Bremen. Gesetzt aus der Korpus Quadriga (Berthold) von der Offizin Götz Gorissen, Berlin. Druck und Bindung durch Clausen & Bosse, Leck. Gedruckt auf chlor- und säurefreiem Papier. Bucheinbandstoffe von Herzog, Beimerstetten. Printed in Germany. Alle Rechte vorbehalten. ISBN 3 8031 3598 2